Jaime Corpas
Lola Martínez

Colegas 1

Spanisch
für den Beruf

Arbeitsbuch

Colegas 1

Arbeitsbuch

Autores:
Jaime Corpas Viñals
Lola Martínez Rodríguez

Coordinación editorial y redacción:
Agustín Garmendia y Eduard Sancho

Corrección:
Eduard Sancho

Diseño y dirección de arte:
Estudio Ivan Margot

Maquetación:
Victoria Desvalls

Ilustración:
Joma

Fotografías:
Ivan Margot
PhotoDisc

Música:
Juanjo Gutiérrez

Voces:
Susana Damas (España)
José Luis Fornés (España)
Bruno Menéndez (España)
Hernando Mesa (Colombia)
María Inés Molina (Argentina)
Amalia Sancho (España)

Grabación:
Estudios 103, Barcelona

Internetadresse: http://www.klett-verlag.de

Redaktion: Beate Huber, Cristina Palaoro

Druck: Druckerei Grafos, Barcelona. Printed in Spain.

ISBN: 3-12-516302-1

Colegas 1 Arbeitsbuch besteht aus **12 Lektionen**, die auf das Lehrbuch abgestimmt sind. Ziel ist es, die Grammatik, den Wortschatz und die Redemittel, die im Lehrbuch eingeführt wurden, zu üben und zu festigen und somit auf die abschließende Aufgabe (T = "tarea") am Ende jeder Lektion vorzubereiten.

Die meisten Übungen im Arbeitsbuch sind für die Einzelarbeit konzipiert, sei es im Unterricht oder zu Hause. Das Symbol  weist auf eine mündliche Übung hin, zu der stets auch ein Modellsatz angeboten wird. Das Symbol  weist auf eine Hörverstehensübung in Verbindung mit der **Kassette** hin.

Die Übungen sind sehr vielfältig und reichen von Grammatik- und Vokabelübungen bis hin zu Phonetikübungen. Dabei werden die Lernenden stets persönlich einbezogen und angeregt, ihre Fertigkeiten ständig weiterzuentwickeln. Hin und wieder sind sie auch aufgefordert, zu bestimmten grammatischen Phänomenen selbst eine Regel zu entdecken.

Nach jeweils drei Lektionen bietet das Arbeitsbuch die Rubrik **"Comprueba tus conocimientos"** (Überprüfe deine Kenntnisse), eine Doppelseite zur Lernkontrolle mit jeweils vier Aktivitäten, in denen die Lernenden ihre grammatischen und lexikalischen Kenntnisse und ihren Lernfortschritt überprüfen können.

Im Anhang befindet sich die **Transkription** der Hörtexte.

Alle in **Colegas 1** vorkommenden Wörter – auch die aus dem Arbeitsbuch – finden sich mit deutscher Übersetzung im alphabetischen Vokabular im Anhang des Lehrbuches.

1 EN CLASE DE ESPAÑOL

2 DATOS PERSONALES

3 EL MUNDO DE LA EMPRESA

1 2 3 COMPRUEBA TUS CONOCIMIENTOS ÜBERPRÜFE DEINE KENNTNISSE

1 En clase de español

Übungen

1 Infinitive
2 Nützliche Verben für den Unterricht
3 Die Zahlen von **1** bis **16**
4 Die betonte Silbe
5 Zahlen und Buchstaben
6 Die Zahlen von **1** bis **20. Más, menos, por** und **entre**
7 Telefonnummern
8 Vokabular. **¿Qué es esto?**
9 Familiennamen. Die Laute **C/Z** und **C/QU**
10 Nationalitäten
11 Demonstrativpronomen: **éste, ésta**
12 Die Sprachen der Welt
13 Nützliche Fragen für den Unterricht
14 Lateinamerikanische Länder buchstabieren
15 Ländernamen herausfinden
16 **¿Cómo se dice…?**
17 Nützliche Fragen
18 An der Rezeption eines Hotels. Seinen Namen buchstabieren
19 Personalpronomen. Die Verben **ser** und **llamarse**
20 Vokabular

1 Usa el diccionario y escribe estos verbos en alemán.
Benutze ein Wörterbuch und notiere diese Verben auf Deutsch.

1. leer ______
2. escuchar ______
3. comentar ______
4. comprobar ______
5. completar ______
6. elegir ______
7. encontrar ______
8. repetir ______
9. hablar sprechen
10. subrayar ______
11. buscar ______
12. corregir ______
13. preguntar ______
14. escribir ______

2 Relaciona los dibujos con los verbos.
Verbinde die Zeichnungen mit den Verben.

- [2] hablar
- [ ] escuchar
- [ ] leer
- [ ] repetir
- [ ] preguntar
- [ ] escribir

3 **A.** Escribe las vocales (a, e, i, o, u) que faltan en estos números.
Notiere die Vokale (a, e, i, o, u), die in diesen Zahlen fehlen.

uno dos diez nueve once
quince seis ocho siete
doce cinco dieciseis cuatro

B. Mira la página 14 del *Libro del alumno* para comprobar si es correcto.
Sieh dir Seite 14 des Lehrbuchs an und überprüfe, ob es richtig ist.

4 **A.** Escucha y escribe las palabras que oyes.
Hör zu und notiere die Wörter, die du hörst.

1. ***apellido***	6.
2.	7.
3.	8.
4.	9.
5.	10.

B. Escucha otra vez las palabras y subraya, como en el ejemplo, la sílaba acentuada.
Hör noch einmal die Wörter und unterstreiche die betonte Silbe, so wie im Beispiel.

5 Nueve personas entran en un avión. Escucha y toma nota del asiento de cada pasajero.
Neun Personen steigen in ein Flugzeug. Hör zu und notiere den Sitzplatz jedes Passagiers.

1. ____	4. ____	7. ____
2. ____	5. ____	8. ____
3. ____	6. ____	9. ____

6 **A.** Tu calculadora no funciona bien. Haz tú los cálculos.
Dein Rechner funktioniert nicht richtig. Löse du die Rechnungen.

dos	+	uno	×	tres	=	***nueve***
nueve	−	cinco	+	diez	=	
doce	+	ocho	−	cinco	=	
diez	:	cinco	+	quince	=	
once	+	seis	−	cuatro	=	
dieciséis	+	cuatro	:	dos	=	

B. Ahora, descubre qué número falta en las siguientes operaciones matemáticas.
Finde nun heraus, welche Zahl in den folgenden Rechenaufgaben fehlt.

trece - dos + ocho = diecinueve
veinte - ______________ + uno = seis
ocho : dos + ______________ = dieciocho
______________ : dos + ocho = dieciséis
siete + ______________ + tres = diecisiete

7 Quieres reservar habitación en estos hoteles, pero no sabes si los teléfonos son correctos. Escucha y compruébalos.
Du möchtest in diesen Hotels ein Zimmer reservieren, aber du weißt nicht, ob die Telefonnummern stimmen. Hör zu und überprüfe sie.

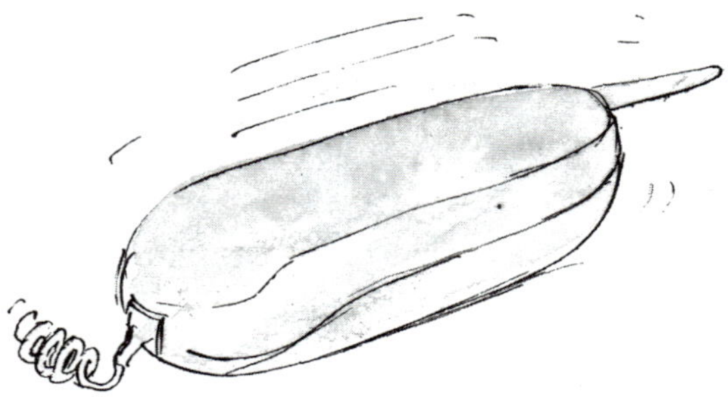

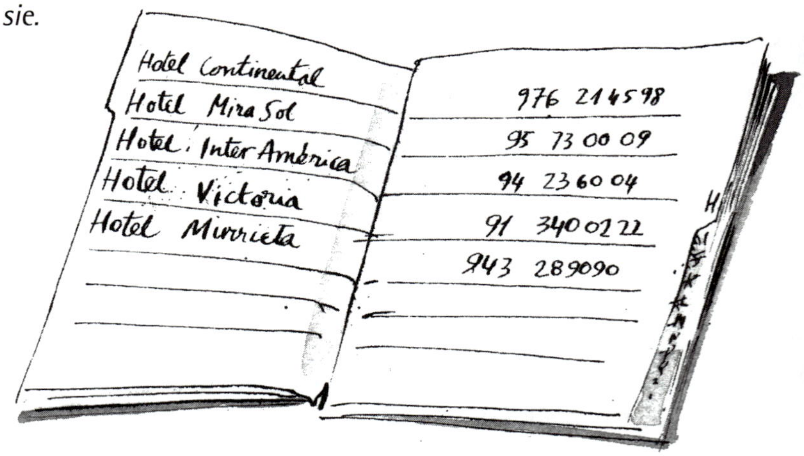

8 En parejas. *Zu zweit.*

Alumno A
Kursteilnehmer/in A

A. ¿Cómo se llaman en español estos objetos? Puedes usar el diccionario.
Wie heißen diese Dinge auf Spanisch? Du kannst ein Wörterbuch verwenden.

una agenda ________

____

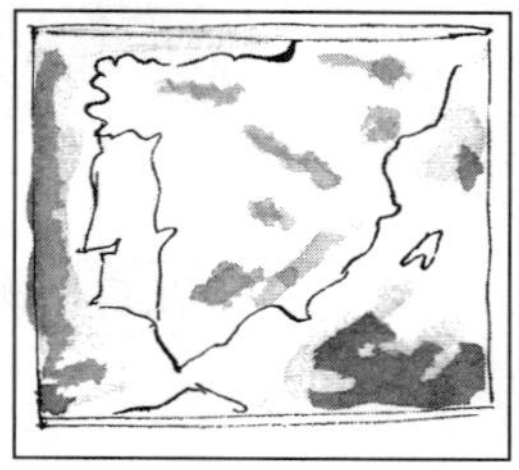

____

____

____

____

____

B. Pregunta a tu compañero cómo se llaman sus objetos.
Frag deine/n Partner/in, wie seine/ihre Dinge heißen.

Alumno B
Kursteilnehmer/in B

A. ¿Cómo se llaman en español estos objetos? Puedes usar el diccionario.
Wie heißen diese Dinge auf Spanisch? Du kannst ein Wörterbuch verwenden.

un disquete ________

____

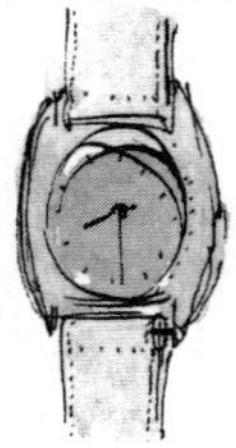

____

____

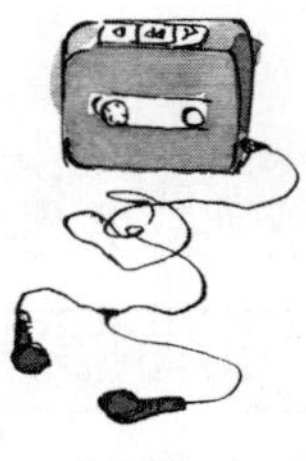

____

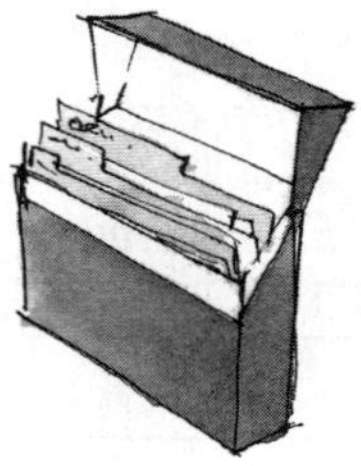

____

____

B. Pregunta a tu compañero cómo se llaman sus objetos.
Frag deine/n Partner/in, wie seine/ihre Dinge heißen.

✧ ¿Qué es esto?
★ Un disquete.

9 **A.** Una azafata de congresos llama a varias personas. Escucha y anota en qué orden dice los nombres.
Eine Hostess ruft mehrere Personen auf. Hör zu und notiere, in welcher Reihenfolge sie die Namen sagt.

- *1* CÉSPEDES
- ☐ MENDOZA
- ☐ QUINTANA
- ☐ QUERALT
- ☐ QUESADA
- ☐ CORTÉS
- ☐ CUERDA
- ☐ CASTILLO
- ☐ CIFUENTES
- ☐ ZÁRATE
- ☐ CALDERÓN
- ☐ ZÚÑIGA

B. Separa ahora los apellidos en dos listas. Una, para los que tienen el sonido **C/Z** y otra, para los que tienen el sonido **C/QU**.
Teile nun die Nachnamen in zwei Listen ein. Eine für diejenigen, die den Laut C/Z haben, und die andere für diejenigen, die den Laut C/QU haben.

C/Z	C/QU
Céspedes	

10 Escribe las nacionalidades de estas personas.
Schreibe die Nationalitäten dieser Personen auf.

1. Joâo es de Río de Janeiro.	***Es brasileño.***	6. Kostas es de Atenas.	
2. Bruce y Joe son de Nueva York.		7. Irene es de Lisboa.	
3. Paola es de Verona.		8. Vincent y Danielle son de París.	
4. Naoko es de Osaka.		9. Boris es de Moscú.	
5. Ulrich es de Berlín.		10. Carlos y Lucía son de Caracas.	

11 Dibuja a dos compañeros de clase. Tu compañero tiene que descubrir quiénes son.
Zeichne zwei Kursteilnehmer. Dein/e Partner/in muss herausfinden, wer sie sind.

✧ Éste es Paul, ¿no?
★ Sí, es Paul.

12 Aquí tienes la palabra **gracias** en varios idiomas. ¿Sabes qué idiomas son?
Si no lo sabes, pregunta a tus compañeros o a tu profesor.
Hier ist das Wort **gracias** *in verschiedenen Sprachen. Weißt du, welche Sprachen es sind?*
Wenn du es nicht weißt, kannst du die anderen Kursteilnehmer oder deine/n Kursleiter/in fragen.

1. merci ____________
2. thank you ____________
3. arigato gozaimasu ____________
4. danke ____________
5. tak ____________
6. obrigado ____________
7. *grazie* ____________
8. **spasibo** ____________
9. shukran ____________
10. dank je ____________

13 Relaciona las preguntas con las respuestas.
Verbinde die Fragen mit den Antworten.

1. ¿Se escribe con be o con uve?	**a.** Otra vez.
2. ¿Cómo se dice "noch einmal" en español?	**b.** Ce, a, ese, te, erre, o.
3. ¿Cómo se escribe tu apellido?	**c.** Tankstelle.
4. ¿Qué significa "gasolinera"?	**d.** Con be.
5. ¿De dónde eres?	**e.** Michael.
6. ¿Cómo te llamas?	**f.** De Bilbao.

14 Ahora vas a escuchar cómo se deletrea el nombre de estos países. Escribe el orden en que los oyes.
Nun wirst du hören, wie diese Ländernamen buchstabiert werden.
Notiere die Reihenfolge, in der du sie hörst.

Guatemala	1	Honduras	
Argentina		Venezuela	
Uruguay		Brasil	
Bolivia		México	

15 **A.** Piensa en cinco países. ¿Sabes cómo se dicen en español? Escríbelos.
Si tienes alguna duda, pregunta a tu profesor.
Denk dir fünf Länder aus. Weißt du, wie sie auf Spanisch heißen? Schreib sie auf.
Wenn du dir nicht sicher bist, kannst du deine/n Kursleiter/in fragen.

B. En parejas. Deletrea a tu compañero el nombre de los países que has escrito.
Escribe también los nombres de los países que ha escrito tu compañero.
Zu zweit. Buchstabiere einem anderen Kursmitglied die Ländernamen, die du aufgeschrieben hast. Notiere auch die Ländernamen, die dein/e Partner/in aufgeschrieben hat.

16 Seguro que hay muchas cosas que quieres saber cómo se dicen en español. Escribe cinco palabras y pregúntaselas a tu profesor.
Sicherlich gibt es viele Dinge, die du auf Spanisch wissen möchtest. Schreibe fünf Wörter auf und frage deine/n Kursleiter/in danach.

¿Cómo se dice "bitte" en español?

Por favor

17 Escribe las preguntas que corresponden a estas respuestas.
Schreibe die Fragen auf, die zu diesen Antworten passen.

1. ✧ ______________________
★ Sí, se escribe con hache.

2. ✧ ______________________
★ "Buenas tardes", creo.

3. ✧ ______________________
★ Quiere decir "Wechsel".

4. ✧ ______________________
★ Con ce.

5. ✧ ______________________
★ Isabel Ginés.

6. ✧ ______________________
★ No, creo que es holandesa.

18 **A.** El señor Meuwis llega a un hotel. Ordena el diálogo que mantiene con el recepcionista.
Herr Meuwis kommt im Hotel an. Ordne den Dialog, den er mit dem Empfangsangestellten führt.

- [1] ✧ ¿Su nombre, por favor?
- [ ] ★ Con jota.
- [ ] ★ Jansen Meuwis.
- [ ] ✧ ¿Y Meuwis, con be o con uve?
- [ ] ✧ ¿Perdón...?
- [ ] ✧ Muy bien. Aquí tiene su llave, habitación 234.
- [ ] ★ Meuwis, Jansen Meuwis.
- [ ] ✧ ¿Cómo se escribe Jansen, por favor?
- [ ] ★ Con uve doble.

B. Ahora escribe un diálogo parecido con estos datos.
Schreibe nun einen ähnlichen Dialog mit diesen Daten.

HOTEL * * * *	**Nombre:** *Hilda* **Apellido:** *Bonafini* **Habitación:** *315*

19 Completa los diálogos con las formas adecuadas de los verbos **ser** y **llamarse** y con los pronombres personales si son necesarios.
Ergänze in diesen Dialogen die passenden Formen der Verben **ser** *und* **llamarse** *und die Personalpronomen, wenn sie nötig sind.*

1. ✧ Yo ***me llamo*** Marcelo. ¿Y ***tú***?
   ★ ***Yo***, Tarek.

2. ✧ Vosotros ________ rusos, ¿verdad?
   ★ Sí, de Moscú.

3. ✧ ¿Su nombre, por favor?
   ★ ____ __________ Marta Rico.

4. ✧ Y vosotros, ¿cómo ____ ________ ?
   ★ ____, Javier.
   ❍ Y____ , Pedro.

5. ✧ Por favor, ¿los señores Martín?
   ★ Sí, __________ nosotros.

6. ✧ Usted ______ el señor Mateos, ¿verdad?
   ★ Sí, ______ yo.

7. ✧ Yo ______ mexicano, ¿y ustedes?
   ★ Nosotros __________ chilenos.

8. ✧ Olga ______ española, ¿no?
   ★ No, ________ cubana.

20 Completa el crucigrama con los nombres de estos objetos.
¿Cuál es el objeto escondido?
Trage in diesem Kreuzworträtsel die Namen dieser Gegenstände ein.
Welches ist der versteckte Gegenstand?

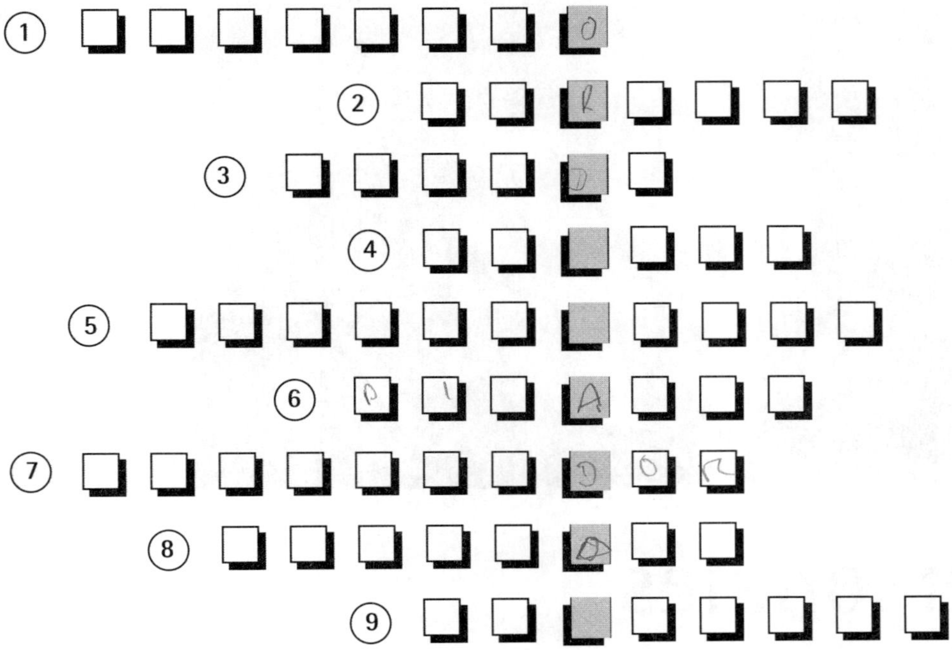

- agenda
- perchero
- teléfono
- pizarra
- archivador
- cuaderno
- diccionario
- cartera
- puerta

1

2

3

4

5

6

7

8

9

Datos personales

Übungen

1 **A.** ¿Cómo se llaman estos lugares? Escríbelo debajo de cada dibujo. No te olvides de poner el artículo **un** o **una**.
Wie heißen diese Orte? Notiere es unterhalb jeder Zeichnung. Vergiss nicht, den Artikel **un** *oder* **una** *dazuzuschreiben.*

empresa de mensajería
escuela
restaurante
juzgado
comisaría
taxi
hospital
hotel

① 
un restaurante

② 
____

③ 
____

④ 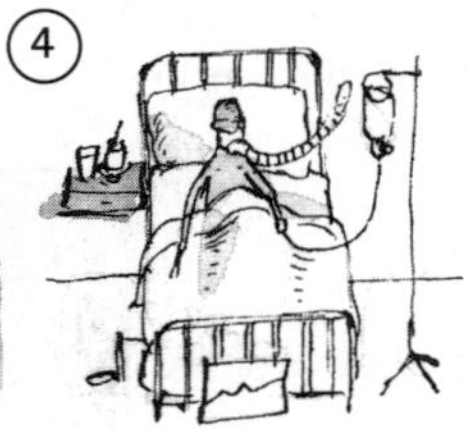
____

⑤ 

____

⑥ 
____

⑦ 
____

⑧ 
____

B. Ahora relaciona las profesiones con los dibujos. *Verbinde nun die Berufe mit den Zeichnungen.*

- [1] camarero/a
- [ ] recepcionista
- [ ] profesor/a
- [ ] taxista
- [ ] abogado/a
- [ ] mensajero/a
- [ ] médico/a
- [ ] policía

2 **A.** Piensa en más lugares de trabajo y escríbelos con el artículo correspondiente. Escribe al lado la profesión de una persona que trabaja allí. Puedes usar el diccionario.
Denke an weitere Arbeitsorte und notiere sie mit dem dazugehörigen Artikel. Schreibe daneben den Beruf einer Person, die dort arbeitet. Du kannst ein Wörterbuch verwenden.

LUGARES DE TRABAJO	PROFESIONES

B. Juega con tu compañero. A ver si sabe el nombre de las profesiones relacionadas con los lugares de trabajo.
Spiel mit einem anderen Kursmitglied. Mal sehen, ob er/sie den Namen der Berufe kennt, die mit den Arbeitsorten verbunden sind.

```
✧ Trabaja en un restaurante.
★ ¿Un camarero?
✧ No.
★ ¿Un cocinero?
✧ Sí.
```

3 Piensa en cuatro personas que conoces. ¿A qué se dedican? ¿Dónde trabajan? Escribe frases siguiendo el modelo.
Denke an vier Personen, die du kennst. Was machen sie beruflich? Wo arbeiten sie? Notiere Sätze wie im Beispiel.

Anne es periodista. Trabaja en un periódico.
1. ______________________
2. ______________________
3. ______________________
4. ______________________

4 Escribe las preguntas para estas respuestas.
Schreibe die Fragen zu diesen Antworten auf.

TÚ	USTED	
¿Cómo te llamas?		Luis Arteaga.
		Soy arquitecto.
		En Construmac S.A.
		43.
		Paseo de la Paz, 25, 8º.
		976 23 78 81.

5 Vas a escuchar nueve preguntas. Escribe si usan **tú** o **usted**.
Du wirst neun Fragen hören. Notiere, ob sie **tú** *(du) oder* **usted** *(Sie) verwenden.*

1. ______ 4. ______ 7. ______
2. ______ 5. ______ 8. ______
3. ______ 6. ______ 9. ______

6 Esta impresora no funciona bien; los números salen juntos. Sepáralos y escríbelos.
Dieser Drucker funktioniert nicht richtig; die Zahlen erscheinen alle fortlaufend. Trenne sie und schreib sie auf.

cuarentaynueveveinticincoochentaydostreintaycuatrocincuentay seisveintidóssetentaysieteveintinuevenoventayunosesentayocho

1. *cuarenta y nueve*
2. ______
3. ______
4. ______
5. ______
6. ______
7. ______
8. ______
9. ______
10. ______

7 Completa las series con el número que falta.
Ergänze die Reihen mit der fehlenden Zahl.

1. Veinte, veintidós, *veinticuatro*, veintiséis, veintiocho.
2. Noventa, ochenta y ocho, ______, ochenta y cuatro, ochenta y dos.
3. Veinte, treinta, ______, cincuenta, sesenta.
4. Cuarenta y cinco, ______, cincuenta y cinco, sesenta, sesenta y cinco.
5. Sesenta y tres, sesenta y seis, ______, setenta y dos.
6. Noventa, ochenta, ______, sesenta, cincuenta.

8 Las secretarias de una consultoría tienen que hacer fotocopias de los siguientes documentos. Escucha y toma nota del número de fotocopias que tienen que hacer de cada uno.
Die Sekretärinnen einer Unternehmensberatung müssen Kopien von folgenden Dokumenten machen. Hör zu und notiere die Anzahl der Kopien, die sie von jedem anfertigen müssen.

☐ contrato	☐ memorándum
☐ programa del curso de formación	☐ dossier
☐ factura	☐ presupuesto

9 Fíjate en la entonación. Escucha y escribe los signos de interrogación, si es una pregunta, y un punto, si es una afirmación.
Achte auf die Betonung. Hör zu und notiere die Fragezeichen, wenn es eine Frage ist, und einen Punkt, wenn es eine Aussage ist.

1. __ Son abogados __	5. __ Hace gimnasia __
2. __ Estudia Medicina __	6. __ Trabaja en la televisión __
3. __ Es taxista __	7. __ Vive en el segundo piso __
4. __ Trabaja en un supermercado __	8. __ Son vendedores __

10 **A.** ¿Con qué verbo se usan estas palabras o expresiones?
Mit welchem Verb verwendet man diese Wörter oder Ausdrücke?

en la Universidad de Salamanca | muchos amigos | deporte | correo electrónico | mucho trabajo | Derecho | teléfono móvil | una pregunta | Económicas | gimnasia | 35 años | Informática | coche | idiomas | yoga | fax | japonés

ESTUDIAR	HACER	TENER

B. ¿Quién crees que dice cada una de estas frases? Hay varias posibilidades.
Was glaubst du, wer jeden dieser Sätze sagt? Es gibt mehrere Möglichkeiten.

Elvira

Soy economista

______

______

______

______

______

______

Soy economista
Tengo 22 años
Estudio inglés y francés
Tengo mucho trabajo
Hago deporte
Tengo teléfono móvil
Trabajo en una multinacional
Tengo coche
Tengo muchos amigos
Estudio en la Universidad de Deusto
Tengo 35 años
Hago yoga
Estudio Empresariales

Soy estudiante

Felipe

______

______

______

______

______

______

______

11 Lee el siguiente texto sobre Emilio Romero y completa la ficha.
Lies den folgenden Text über Emilio Romero und ergänze das Formular.

Me llamo Emilio Romero Pacheco y soy de Santander, pero vivo en Barcelona. Tengo un apartamento en la calle Princesa, en el número 95. Soy informático, tengo 26 años y estoy soltero. Hago mucho deporte y toco la guitarra en un grupo de rock. Hablo inglés y estudio alemán.

Datos personales

Nombre: ______ **Apellidos:** ______ **Edad:** ______

Dirección: ______ **Ciudad:** ______

Profesión: ______ **Idiomas:** ______

Lugar de nacimiento: ______ **Estado civil:** ______

Aficiones: ______

12 Ahora, con tus datos, escribe una presentación como la de Emilio.
Schreibe nun mit deinen Daten einen Text wie Emilio.

Me llamo... ______________________________

____

____

____

____

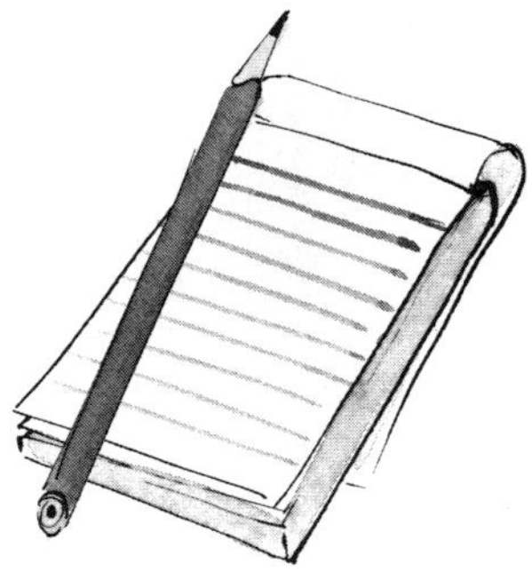

13 Escribe las palabras que faltan en estas dos listas.
Notiere die Wörter, die in diesen beiden Listen fehlen.

1. uno	1º. primero
2. ______	2º. segundo
3. tres	3º. ______
4. cuatro	4º. ______
5. cinco	5º. ______
6. ______	6º. sexto
7. siete	7º. ______
8. ______	8º. octavo
9. nueve	9º. ______
10. diez	10º. ______

14 Ahora completa las siguientes frases.
Ergänze nun die folgenden Sätze.

1. Ésta es la ______________ lección del *Cuaderno de ejercicios.*
2. La E es la ______________ letra del alfabeto y la A la ______________.
3. Después del sexto piso está el ______________, y antes del décimo, el ______________.
4. Argentina es el ______________ país más extenso de América Latina; el primero es Brasil.
5. El español es la ______________ lengua más hablada del mundo después del inglés y del chino.

15 Relaciona. *Verbinde.*

Calle	1.
derecha	2.
Avenida	3.
Plaza	4.
tercero	5.
número	6.
Paseo	7.
izquierda	8.

a.	izda.
b.	Pza.
c.	C/
d.	3°
e.	Avda.
f.	dcha.
g.	n°
h.	P°

16 María, de "LibroPlus", escribe a cuatro clientes. Aquí tienes los sobres. Compáralos con las tarjetas de los clientes y corrige, en los sobres, los datos que no son correctos.
María, von "LibroPlus", schreibt an vier Kunden. Hier sind die Briefumschläge. Vergleiche sie mit den Visitenkarten der Kunden und korrigiere auf den Umschlägen die Angaben, die nicht korrekt sind.

Sra. Carmen Márquez
C/ Jardín de Medina, 43
04016 Almería

Sr. Antonio López Corral
C/ Ribera, 8, 4ª B
48004 Bilbao

Sr. Gustavo Robles
C/ Alabarderos, 66, 7° dcha.
28939 Madrid

Sra. Natalia Vilà
Avda. de Roma, 54, 5º 1ª
08010 Barcelona

Natalia Vilà
Avda. de Roma, 40, 5º 1ª
08100 Barcelona
NV

Gustavo Robles
P° Alabarderos, 66, 7º A
28024 Madrid

Antonio López del Moral
C/ Ribera n°8, 4° B
48004 Bilbao

Carmen Márquez
C/ Jardín de Medina 4, 3º
04016 Almería

17 Quieres recibir la edición internacional del periódico EL PAÍS. Rellena el siguiente impreso.
Du möchtest die internationale Ausgabe der Zeitung EL PAÍS beziehen. Fülle das folgende Formular aus.

EL PAIS

Miguel Yuste, 40
28037- MADRID
Tel.: 91 337 50 71
Fax: 91 337 83 37
E-Mail:suscripciones@elpais.es

BOLETÍN DE SUSCRIPCIÓN
EDICIÓN INTERNACIONAL

DATOS DE ENVÍO

Nombre y Apellidos ____________________

Dirección 1 ____________________

Dirección 2 ____________________ Tel.: ____________________

Localidad ____________________ Provincia ____________________

Código Postal __________ País ____________________ CIF/VAT: ____________________

SEÑALE EL PERIODO DE SUSCRIPCIÓN Y LA FORMA DE PAGO*:

Periodo

☐ Trimestral ☐ Semestral ☐ 9 meses ☐ 1 año

Forma de pago

☐ Domiciliación bancaria (sólo para bancos en España)

Entidad ***Oficina*** ***D.C.*** ***Cuenta corriente***

☐ Con cargo a la tarjeta:

☐ American Express

☐ VISA

☐ Dinners

☐ Master Charge Nº tarjeta

Fecha de caducidad
Firma (imprescindible)

☐ Cheque adjunto (a la orden de Diario EL PAÍS, S.A.)

☐ Giro Postal Nº

☐ Transferencia a BANCO POPULAR ESPAÑOL (Alcalá, 372; Madrid; c/c 0501060291)

TARIFAS DE SUSCRIPCIÓN

Los envíos se realizarán por correo aéreo	**1 Año**	**9 Meses**	**6 Meses**	**3 Meses**
EE.UU. y Canadá	105 $ USA	80 $ USA	55 $ USA	30 $ USA
Asia Oriental y Oceanía	125 $ USA	95 $ USA	65 $ USA	35 $ USA
Resto países	100 $ USA	75 $ USA	50 $ USA	25 $ USA

*** Aunque los precios están en dólares USA se puede abonar su contravalor en cualquier moneda convertible**

18 Escribe las preguntas correspondientes a estas respuestas. Utiliza las formas **tú** y **vosotros**.
Schreibe die passenden Fragen zu diesen Antworten. Verwende die Formen **tú** *(du) und* **vosotros** *(ihr).*

1. ✧ ***¿Qué estudiáis*** ________ ?
   ★ Yo, Sociología, y ella, Ciencias Políticas.
2. ✧ ¿ ________ ?
   ★ Vivimos en la misma calle, en la calle Lugo; yo, en el nº 6.
   ❍ Y yo, en el 40.
3. ✧ ¿ ________ ?
   ★ Fax sí, pero no tenemos correo electrónico.
4. ✧ ¿ ________ ?
   ★ En una empresa de informática; soy programadora.
5. ✧ ¿ ________ ?
   ★ Estudio en Salamanca.
6. ✧ ¿ ________ ?
   ★ Ahora vivo en la calle del Sol, 56, 4º izda.
7. ✧ ¿ ________ ?
   ★ Yo, 24.
   ❍ Y yo, 20.
8. ✧ ¿ ________ ?
   ★ Yo, Nuria, y ella, Carmen.
9. ✧ ¿ ________ ?
   ★ No, soy francesa.
10. ✧ ¿ ________ ?
    ★ Mario. ¿Y tú?

19 Escucha las preguntas y señala cuál de las dos respuestas es la correcta.
Höre die Fragen und markiere, welche der beiden Antworten die richtige ist.

1. a. En el primero.
   b. Dieciocho años.
2. a. Sí, calle de los Claveles, 68.
   b. Sí. Es el 93 468 23 12.
3. a. Estudio en la Universidad de Granada.
   b. Somos estudiantes.
4. a. En el Hospital Ramón y Cajal.
   b. Estudian Contabilidad y Marketing.
5. a. En la Agencia Efe.
   b. Vivo en Buenos Aires.
6. a. Creo que es una librería.
   b. Es abogado; trabaja en un despacho.

20 Aquí tienes diez palabras que has aprendido en esta lección. Las letras están desordenadas. Ordénalas. *Hier sind zehn Wörter, die du in dieser Lektion gelernt hast. Die Buchstaben sind durcheinander. Ordne sie.*

1. T O H E L:	***hotel***
2. D O G A J U Z:	
3. S A J E M E N R O:	
4. M E R S U D O C A P E R:	
5. D O A G A B O:	
6. M A R E R O C A:	
7. A T A F A Z A:	
8. R Í L I B R E A:	
9. C O B A N:	
10. X I S T A T A:	

El mundo de la empresa

Übungen

1 Marken, Produkte und Nationalitätsadjektive

2 Betonung von Wörtern

3 Dinge einer Landkarte zuordnen: das Verb **estar**

4 Aussprache

5 Nationalitäten, Arten von Firmen, Aktivitäten und Produkte

6 Arten von Firmen

7 Städte: **estar**

8 Auskunft über eine Firma einholen

9 Informationen über eine Firma

10 Die Zahlen von **100** bis **1.000**

11 Possessivpronomen: Singular und Plural

12 Possessivpronomen: männlich und weiblich

13 Possessivpronomen

14 Drei Firmenanzeigen

15 Eine Anzeige korrigieren

16 Die grammatische Person angeben

17 Eine Firma vorstellen: **tener, vender, fabricar** und **ser**

18 Sich nach einer Firma oder einer Marke erkundigen

19 Eine Firma vorstellen

20 Buchstabensuppe

1 **A.** ¿De qué países son estas marcas? Relaciónalas con los productos correspondientes.
Aus welchen Ländern sind diese Marken? Verbinde sie mit den entsprechenden Produkten.

Bayer: ***es alemana; es una marca de medicamentos.***

Nike: ______________________

Rolex: ______________________

BMW: ______________________

Yamaha: ______________________

Levi's: ______________________

Ballantine's: ______________________

Gauloises: ______________________

Basi: ______________________

Chupa-Chups: ______________________

Philips: ______________________

relojes · caramelos · motos · medicamentos · prendas deportivas · coches · ropa · cigarrillos · electrodomésticos · whisky · ropa vaquera

B. Haz una lista con 10 cosas que hay en tu casa. Di de qué marca son.
Mache eine Liste mit 10 Dingen, die es bei dir zu Hause gibt. Sage, von welcher Marke sie sind.

En mi casa tenemos un televisor Nokia.

2 Escucha las siguientes palabras y colócalas en la columna correspondiente según la acentuación.
Höre die folgenden Wörter und trage sie entsprechend ihrer Betonung in die passende Spalte ein.

○●○	○○●
tengo	*exportar*
______	______
______	______
______	______
______	______
______	______
______	______
______	______
______	______

3 Aquí tienes un mapa de Latinoamérica con algunos lugares y monumentos. ¿En qué países están? Si no estás seguro, pregunta a tus compañeros o a tu profesor.
Hier ist eine Landkarte von Lateinamerika mit einigen Orten und Bauwerken. In welchen Ländern befinden sie sich? Wenn du dir nicht sicher bist, frage die anderen Kursteilnehmer oder deine/n Kursleiter/in.

Machu Picchu está en Perú.

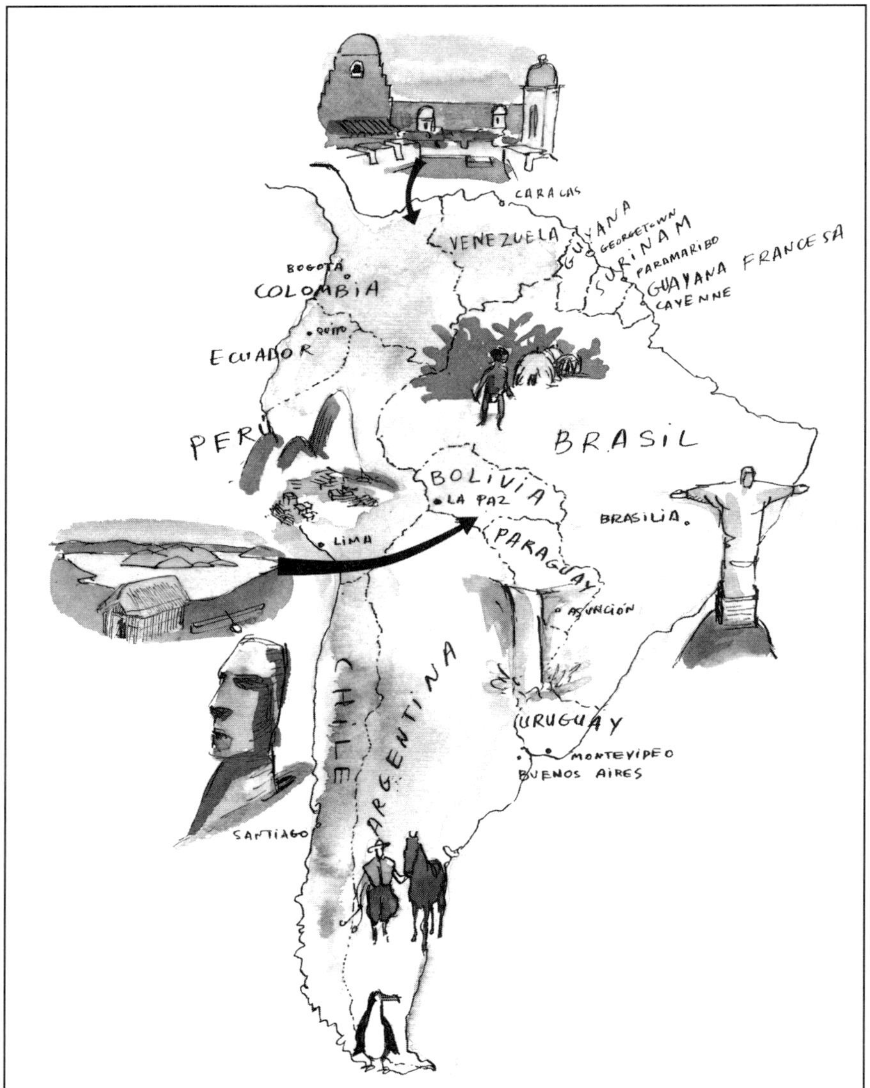

- Machu Picchu
- Las cataratas de Iguazú
- La selva amazónica
- La isla de Pascua
- El lago Titicaca
- Cartagena de Indias
- La Pampa
- El Cristo del Corcovado
- Tierra del Fuego

4 **A.** En español hay palabras con una forma muy parecida en otras lenguas; la pronunciación, sin embargo, es diferente. Escucha los siguientes nombres y repite.
Im Spanischen gibt es Wörter, die denen anderer Sprachen sehr ähnlich sind; die Aussprache ist jedoch anders. Höre die folgenden Namen und wiederhole.

B. Escucha otra vez y escribe las palabras.
Höre noch einmal und notiere die Wörter.

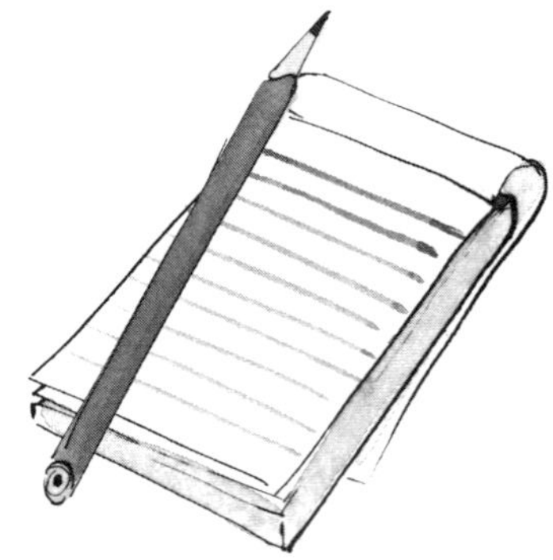

5 Agrupa estas palabras. *Ordne diese Wörter ein.*

producir · coreano/a · griego/a · comprar · alimentos · coches · exportar · cadena de restaurantes · electrodomésticos · agencia de viajes · japonés/a · brasileño/a · importar · mexicano/a · compañía de seguros · fabricar · empresa de alimentación · petróleo · ordenadores · escuela de negocios

Nacionalidades	Tipos de empresa	Actividades	Productos

6 Aquí tienes una lista de empresas. ¿Qué tipo de empresa crees que es cada una?
Hier ist eine Liste von Firmen. Welche Art von Firma glaubst du, ist jede einzelne?

Mundivisión es una empresa de telecomunicaciones.

GRUPO MUNDIVISIÓN	una cadena de hoteles
PC-PROCESS	una compañía de seguros
HOTELPLUS	una empresa de telecomunicaciones
SUPERPRIX	una empresa de productos informáticos
EDICIONES PRESS	un banco
VITASECUR	una cadena de supermercados
BANKISA	una escuela de negocios
INSTITUTO EMPRESARIAL	un grupo editorial

7 Tus amigos están de vacaciones y te escriben algunas postales. ¿Dónde están?
Deine Freunde sind im Urlaub und schreiben dir einige Ansichtskarten. Wo sind sie?

Imanol y Sara

Están en París.

Rita y Carolina

____

Ana

____

Rosa y Vicente

____

Carmen y Alberto

____

Rafa

____

Pablo

____

Javier y Miguel

____

8 ¿Qué preguntas corresponden a estas respuestas? *Welche Fragen passen zu diesen Antworten?*

1. ✧ ***¿Cuántos empleados tiene?***
   ★ No sé exactamente... unos veinte.
2. ✧ ______
   ★ ¿Sebago? Es una marca de zapatos.
3. ✧ ______
   ★ Es una empresa de electrodomésticos.
4. ✧ ______
   ★ Creo que en México D.F., pero tiene sucursales en todo el país.
5. ✧ ______
   ★ Pues, por ejemplo, Peugeot es una empresa automovilística.
6. ✧ ______
   ★ Más de trescientas.
7. ✧ ______
   ★ Fabrica aviones.
8. ✧ ______
   ★ Interidiomas.
9. ✧ ______
   ★ Es una empresa venezolana.
10. ✧ ______
   ★ ¿En Barcelona? Quince. La principal en la Gran Vía.

¿Cuántos empleados tiene?
¿Cuántas oficinas tiene en Barcelona?
¿De dónde es?
¿Cómo se llama tu escuela?
¿Qué hace AEROJET?
¿Qué tipo de empresa es?
¿Cuántas sucursales tiene?
¿En qué ciudad está la oficina principal?
¿Qué tipo de empresa es Sebago?
¿Qué significa "automovilística"?

9 **A.** En el programa de radio "Hablando de empresas" hacen una entrevista al señor Chamorro. Escucha las preguntas y marca las respuestas.
In der Radiosendung "Hablando de empresas" gibt es ein Interview mit Herrn Chamorro. Höre die Fragen und markiere die Antworten.

1. ☐ La empresa se llama INFOMUNDIAL.
   ☐ La empresa se llama OCIOTURISMO.
2. ☐ Vende ordenadores personales.
   ☐ Fabrica programas informáticos de seguridad.
3. ☐ Tiene 200 clientes.
   ☐ Tiene 300 clientes.
4. ☐ Tiene 50 empleados.
   ☐ Tiene 70 empleados.
5. ☐ Está en Zaragoza, en la Avenida de la Constitución.
   ☐ Está en Barcelona, en la Avenida Diagonal.

B. Ahora, imagina que vas a hacer una entrevista al propietario de una empresa. ¿Qué le preguntas?
Stell dir nun vor, dass du den Inhaber einer Firma interviewst. Was fragst du ihn?

10 **A.** Lee estos números en voz alta:
Lies diese Zahlen laut:

225, 499, 530, 115, 375, 784, 850, 900 y 642.

B. Escribe los números anteriores con las siguientes palabras.
Schreibe die vorigen Zahlen in Verbindung mit den folgenden Wörtern aus.

225/hotel:	***doscientos veinticinco hoteles***
499/sucursal:	
530/fábrica:	
115/banco:	
375/ordenador:	
784/avión:	
850/supermercado:	
900/coche:	
642/hospital:	

C. Escucha y comprueba.
Hör zu und überprüfe.

11 Relaciona. *Verbinde.*

	POSESIVO (SINGULAR)	POSESIVO (PLURAL)
yo	nuestro/a	sus
tú	su	vuestros/as
él, ella, usted	tu	tus
nosotros/as	vuestro/a	nuestros/as
vosotros/as	su	sus
ellos, ellas, ustedes	mi	mis

12 **A.** Coloca estas palabras en el recuadro correspondiente.
Trage diese Wörter in das entsprechende Kästchen ein.

mis productos, tu sector, nuestras sucursales, sus fotos, tus socios, su marca, vuestras oficinas, mi empresa, nuestra tienda

	masculino singular	masculino plural	femenino singular	femenino plural
yo		***mis productos***		
tú				
él, ella, usted				
nosotros/as				
vosotros/as				
ellos, ellas, ustedes				

B. Rellena las casillas vacías con las palabras que tú quieras. Utiliza los posesivos correspondientes.
Fülle die leeren Kästchen mit den Wörtern deiner Wahl aus. Verwende die entsprechenden Possessivpronomen.

13 Completa con los posesivos que faltan. *Ergänze mit den fehlenden Possessivpronomen.*

14 **A.** Mira la página 34 del *Libro del alumno*. Hay tres anuncios de empresas. Lee los textos de los anuncios. Intenta recordar todos los datos.
Sieh dir Seite 34 des Lehrbuchs an. Dort befinden sich drei Anzeigen von Firmen. Lies die Texte der Anzeigen. Versuche dich an alle Daten zu erinnern.

B. Ahora lee las siguientes frases sobre las empresas CHANCLA, BIONATUR y TESA. Di si son verdaderas (V) o falsas (F).
Lies nun die folgenden Sätze über die Firmen CHANCLA, BIONATUR und TESA. Sag, ob sie richtig (V) oder falsch (F) sind.

CHANCLA

- ☐ 1. Es una cadena de 90 tiendas.
- ☐ 2. Tiene una fábrica.
- ☐ 3. Diseña y confecciona moda para exportar a Latinoamérica.

BIONATUR

- ☐ 1. La empresa tiene 25 empleados.
- ☐ 2. Vende productos 100% naturales.
- ☐ 3. Cuida la naturaleza.

TESA

- ☐ 1. Es una marca líder mundial en el sector del automóvil.
- ☐ 2. Diseña coches seguros y atractivos.
- ☐ 3. Tiene fábricas en Japón, EEUU y Latinoamérica.

C. Ahora, mira otra vez el *Libro del alumno* para comprobar si es correcto.
Sieh dir nun noch einmal das Lehrbuch an und überprüfe, ob alles richtig ist.

15 El holding MUNDITURISMO pide un anuncio a una compañía de publicidad. Ésta es la ficha con los datos de MUNDITURISMO.
Die Holdinggesellschaft MUNDITURISMO gibt bei einem Werbeunternehmen eine Anzeige in Auftrag. Das ist das Formular mit den Daten von MUNDITURISMO.

MUNDI*Turismo*

CREACIÓN: 1972

EMPRESAS DEL HOLDING: 5 cadenas de hoteles, 1 compañía aérea, 10 agencias de alquiler de coches y 1 escuela de traductores.

EMPLEADOS: 4000.

SUCURSALES: En todo el mundo.

Aquí tienes el anuncio. Hay varios errores; corrígelos y escribe el anuncio otra vez.
Hier ist die Anzeige. Sie enthält mehrere Fehler; korrigiere sie und schreibe die Anzeige noch einmal.

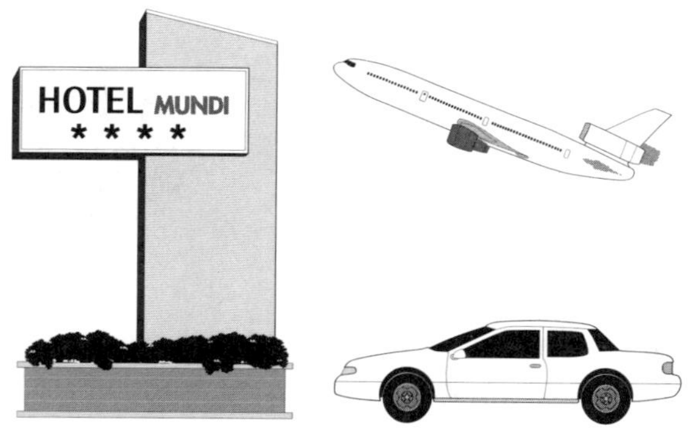

MUNDI*Turismo*

- Es un holding internacional líder en el sector del automóvil.
- Tiene 5 fábricas, 1 compañía de transportes y 10 agencias de alquiler de coches.
- Sus 400 empleados trabajan en sucursales de toda Europa para ofrecer el mejor servicio a sus clientes.

16 Vas a escuchar diez frases. Señala en el cuadro a qué persona gramatical corresponde cada una.
Du wirst zehn Sätze hören. Markiere in dem Kasten, zu welcher grammatischen Person jeder einzelne passt.

	1	2	3	4	5	6	7	8	9	10
yo										
tú										
él, ella, usted										
nosotros/as										
vosotros/as										
ellos/as, ustedes										

17 Escribe frases para presentar estas empresas utilizando un elemento de cada caja.
Puedes hacer varias frases para cada empresa.
Notiere Sätze, um diese Firmen vorzustellen, und verwende dabei ein Element aus jedem Kasten.
Du kannst mehrere Sätze zu jeder Firma formulieren.

El Banco de Santander es una empresa española y tiene sucursales en Latinoamérica.

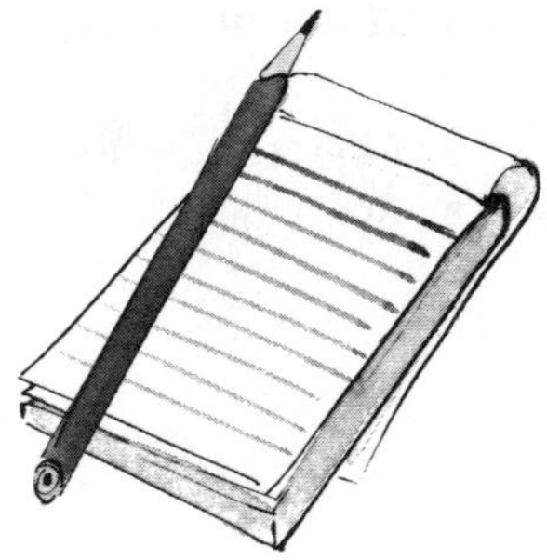

Banco Santander
SUZUKI NOKIA
PHILIPS Microsoft®

Una empresa española
Sucursales en Latinoamérica
Compañía americana
Una compañía japonesa
Empresa europea
Muchos clientes en el sector servicios
Teléfonos móviles
Una empresa de aparatos de sonido y vídeo
Automóviles
La empresa líder en el sector de la informática

tener
vender
fabricar
ser

18 Juega con tu compañero. Piensa en una empresa o en una marca.
Tu compañero tiene que hacerte preguntas para descubrir cómo se llama.
Tú sólo puedes contestar **sí** o **no**.
Spiel mit einem anderen Kursmitglied. Denk dir eine Firma oder eine Marke aus.
Dein/e Partner/in muss dir Fragen stellen um herauszufinden, wie sie heißt.
Du darfst nur mit **sí** *oder* **no** *antworten.*

✧ ¿Es una empresa de coches?
★ No.

19 Aquí tienes una ficha con los principales datos de la empresa donde trabajas. Escribe una presentación.
Hier ist ein Formular mit den wichtigsten Daten der Firma, in der du arbeitest.
Schreibe einen Text über sie.

Mi empresa se llama...

MONETIC

EMPRESA: MONETIC

DIRECCIÓN: Avenida de Roma, 25. Palma de Mallorca

SECTOR: Informática

ACTIVIDADES QUE REALIZA: Fabricación de cajeros automáticos

Nº DE EMPLEADOS: 45

Nº DE OFICINAS: 1

CLIENTES: Bancos

MERCADO: Francia, Grecia, Venezuela, Emiratos Árabes Unidos

20 **A.** En esta sopa de letras se esconden ocho palabras que has aprendido en esta unidad. ¿Cuáles son?
In dieser Buchstabensuppe sind acht Wörter versteckt, die du in dieser Lektion gelernt hast. Welche sind es?

A	R	A	D	O	R	E	Q	R	E	A	C	O	A
G	A	K	E	S	E	C	T	O	R	Q	V	Ñ	Z
E	S	S	P	A	I	P	N	J	H	D	F	R	O
N	Y	U	U	D	H	B	Ñ	F	Q	F	A	S	F
C	R	C	F	E	F	J	L	I	E	G	B	G	I
I	A	U	I	J	U	C	E	T	R	H	R	D	C
A	G	R	T	R	A	A	O	R	T	J	I	I	I
D	L	S	C	O	M	P	A	Ñ	I	A	C	T	N
D	S	A	G	O	E	Q	Z	O	U	L	A	R	A
S	U	L	E	D	P	R	O	D	U	C	T	O	X
F	E	R	U	R	F	U	X	A	O	Z	D	C	O
F	H	M	A	R	C	A	F	L	P	X	Z	T	A

B. Elige cuatro de las palabras y escribe una frase con cada una.
Wähle vier der Wörter aus und schreibe jeweils einen Satz.

Yo trabajo en una compañía de seguros.

1. ______________________________

2. ______________________________

3. ______________________________

4. ______________________________

COMPRUEBA TUS CONOCIMIENTOS

ÜBERPRÜFE DEINE KENNTNISSE

1 Elige la opción más adecuada.
Wähle die richtige Möglichkeit aus.

1. ¿Qué ____________"farmacia"?
   - ☐ a. dice
   - ☐ b. se llama
   - ☒ c. significa
   - ☐ d. tiene

2. Mi marido y yo ____________ abogados.
   - ☐ a. son
   - ☒ b. somos
   - ☐ c. sois
   - ☐ d. soy

3. ¿Cómo ____________"bitte" en español?
   - ☐ a. escribe
   - ☒ b. se dice
   - ☐ c. dice
   - ☐ d. llama

4. ____________ Ana y Carmen.
   - ☐ a. Ésta son
   - ☐ b. Esto es
   - ☐ c. Éstas son
   - ☒ d. Estos son

5. __________ Jan y________belga.
   - ☐ a. me llamo/es
   - ☐ b. soy/estoy
   - ☒ c. me llamo/soy
   - ☐ d. llamo/soy

6. Cinco, diez, __________, veinte, veinticinco.
   - ☐ a. cincuenta
   - ☒ b. quince
   - ☐ c. once
   - ☐ d. diez y cinco

7. No, yo no _________ correo electrónico.
   - ☐ a. soy
   - ☐ b. hago
   - ☒ c. tengo
   - ☐ d. estudio

8. Pedro _______ médico y trabaja______un hospital.
   - ☐ a. hace/en
   - ☐ b. es/de
   - ☒ c. es/en
   - ☐ d. es/a

9. ✧ ¿Dónde vives?
   ★ ________ la calle Sepúlveda nº 25.
   - ☐ a. De
   - ☐ b. A
   - ☒ c. En
   - ☐ d. Es

10. Creo que Luis y su hermano ____________ en un banco.
    - ☐ a. son
    - ☐ b. tienen
    - ☒ c. trabajan
    - ☐ d. hacen

11. ✧ Vivo en la Gran Vía.
    ★ ______________
    - ☐ a. Yo sí.
    - ☐ b. Vivo en la Gran Vía.
    - ☒ c. Yo también.
    - ☐ d. Yo tampoco.

12. Ana, Carmen, vosotras ____________ ruso, ¿no?
    - ☐ a. hablamos
    - ☒ b. habláis
    - ☐ c. hablan
    - ☐ d. hablas

13. ✧ Luis es mexicano, ¿no?
    ★ ______________
    - ☐ a. Creo sí.
    - ☐ b. Que sí.
    - ☐ c. Creo que.
    - ☒ d. Sí, creo que sí.

14. ✧ ¿A qué os dedicáis?
    ★ ______________
    - ☐ a. Estamos abogados.
    - ☐ b. Hacemos abogados.
    - ☒ c. Somos abogados.
    - ☐ d. Son abogados.

15. Un policía trabaja en ____________
    - ☐ a. un restaurante.
    - ☐ b. un hospital.
    - ☒ c. una comisaría.
    - ☐ d. una escuela.

16. ¿Cuántas oficinas __________ su empresa en Barcelona, señor Ibáñez?
    - ☐ a. es
    - ☐ b. hay
    - ☒ c. tiene
    - ☐ d. está

17. ✧ ¿En qué piso vivís?
    ★ ______________
    - ☐ a. Calle Alarcón.
    - ☐ b. En Madrid.
    - ☒ c. En el tercero derecha.
    - ☐ d. Cinco.

18. Es una empresa que tiene tres _________ en Bilbao.
    - ☒ a. sucursales
    - ☐ b. automovilística
    - ☐ c. turismo
    - ☐ d. oficina

19. El año 1985 se dice:
    - ☐ a. diecinueve ochenta cinco.
    - ☐ b. mil novecientas ochenta y cinco.
    - ☒ c. mil novecientos ochenta y cinco.
    - ☐ d. mil nueve ochenta y cinco.

20. Creo que María y Pepe ___________ París.
    - ☐ a. son/en
    - ☐ b. están/a
    - ☒ c. están/en
    - ☐ d. están/de

Resultado: _________ **de 20**

2 Lee el siguiente texto y decide si las frases son verdaderas (V) o falsas (F).
Lies den folgenden Text und entscheide, ob die Sätze richtig (V) oder falsch (F) sind.

Panchos
una empresa en expansión

Oficinas de la sede central de Panchos.

Panchos, la famosa cadena de tiendas de ropa, con más de trescientas sucursales en Europa ahora también tiene tiendas en Asia, concretamente en Tailandia y en Japón. Con las nuevas tiendas, los empleados de esta empresa española superan los 2.500. Contact, la marca de ropa más conocida de Panchos, se produce en sus fábricas españolas de Valencia y Tarragona mientras que Punto, su otra marca, se hace ahora en sus fábricas de Tailandia. Para la fabricación de todas sus prendas sólo utilizan materiales 100% naturales, ésta es la clave del éxito de esta joven empresa líder en el sector de la moda.

- [V] **1.** Panchos es una marca de ropa líder en el sector de la moda.
- [V] **2.** En total, Panchos tiene más de 2.500 empleados.
- [F] **3.** Panchos no vende sus productos en Europa.
- [F] **4.** Contact y Punto se fabrican en España.
- [V] **5.** Fabrican sus prendas con materiales 100% naturales.

Resultado: ______ **de 10**

3 Ana quiere solicitar un crédito. Escucha la conversación y completa la ficha con sus datos.
Ana möchte einen Kredit beantragen. Höre dir das Gespräch an und ergänze das Formular mit ihren Daten.

DATOS DEL SOLICITANTE

Nombre ______________________

Edad __________ **Estado civil** ______________

Dirección ______________________

Profesión ______________________

Resultado: ______ **de 10**

4 Con los datos que tienes en la ficha escribe una presentación para la empresa SUPERNET.
Schreibe mit den Angaben, die in diesem Formular stehen, einen Informationstext für die Firma SUPERNET.

Supernet

Empresa: SUPERNET
Sector: informática
Nacionalidad: española
Producto: ordenadores personales
Oficina principal: Avda. Bergaran 189 (Bilbao)
Sucursales: Madrid, Zaragoza, Barcelona y Valencia
Empleados: 150
Clientes: Escuelas y Universidades

Resultado: ______ **de 10**

Total: ______ **de 50**

Le presento al director general

Ejercicios

1 Descripción de personas: adjetivos
2 Descripción de una persona
3 Elegir las cualidades de un buen jefe o jefa: **(no) es importante ser...**
4 Describir a personas conocidas: **muy, bastante, un poco**
5 Vocabulario: familia. Posesivos: **su/sus**
6 Un árbol genealógico
7 Departamentos y responsabilidades
8 Pronunciación de **r** y **rr**
9 Saludos y despedidas
10 Jefes de departamentos. Preguntar por alguien al teléfono
11 Artículos: **el/la/los/las** y **un/una/unos/unas**
12 Presentaciones. Verbo **presentar**
13 Presentaciones: **tú/vosotros, usted/ustedes**
14 Presentaciones
15 Reaccionar ante saludos, despedidas y presentaciones
16 El uso de **tú** y **usted** en tu país
17 Comparar el uso de **tú** y **usted** en España y en tu país
18 Interesarse por una tercera persona
19 Presentaciones
20 Saludos y presentaciones
21 Vocabulario. Construir frases

1 Relaciona las siguientes definiciones con el adjetivo correspondiente.

1. Una persona que trabaja mucho:
2. Una persona muy positiva:
3. Una persona que hace cosas extrañas:
4. Lo contrario de optimista:
5. Una persona que se relaciona sin problemas con la gente:
6. Una persona que trabaja poco:
7. Una persona que provoca alegría y risa:
8. Una persona que nunca llega tarde:
9. Lo contrario de divertido/a:
10. Una persona que habla poco:

trabajador/a
aburrido/a
sociable
divertido/a
puntual
vago/a
pesimista
raro/a
optimista
callado/a

2 Isabel y Manuela trabajan en Philips. Están hablando sobre Ana Garrigues, una nueva abogada de la empresa. Escucha y escribe los adjetivos que utilizan para hablar de ella.

Ana es ______, ______, ______, ______ y ______.

3 Imagina que puedes elegir un jefe o una jefa. ¿Qué cuatro cualidades son las más importantes para ti? Habla con tu compañero y comparad vuestra elección.

✧ Yo creo que para ser jefe es importante ser simpático.

	simpático/a	guapo/a	optimista	competente	exigente	serio/a	puntual	inteligente	joven
es importante									
no es importante									

4 **A.** Piensa en ti y en gente que conoces. ¿Quién es...?

raro/a | divertido/a | trabajador/a | antipático/a | responsable | aburrido | tímido/a | optimista | serio/a

B. Escríbelo.
Mi madre es muy optimista.

5 **A.** Lee el siguiente texto. ¿Cómo se llaman las personas de la foto?

Clara Hernández es española, de Murcia, y **su marido**, Enrique Peña, de Valencia. Clara y Enrique tienen dos hijos: un chico que se llama Quique, de 28 años; y una chica, María, de 22. Clara y Enrique tienen una librería especializada en literatura infantil, **su hija** trabaja en la librería por las tardes y por las mañanas va a la Universidad. **Su hijo** Quique es arquitecto y trabaja en una empresa de construcción. Quique está casado; **su mujer**, Ana, es abogada y trabaja en una compañía de seguros. Tienen dos hijos, Kiko y Eulalia. Los niños van mucho a la librería de **sus abuelos**. Clara quiere mucho a **sus nietos** Kiko y Eulalia y siempre les regala libros.

B. Vuelve a leer el texto. Fíjate en cuándo usamos **su** y cuándo **sus**. Después completa el cuadro.

1. su marido	***El marido de Clara***
2. su hija	
3. su hijo	
4. su mujer	
5. sus abuelos	
6. sus nietos	

C. ¿Puedes ahora completar este cuadro con **su** y **sus**?

de él, de ella	de ellos, de ellas
_______ coche _______ carta	_______ coche _______ carta
_______ coches _______ cartas	_______ coches _______ cartas

D. Lee estas frases. Si no son verdaderas, corrígelas.

1. Clara es la abuela de Quique y de María.
   No, Clara es su madre.
2. Quique y María son hermanos.
   ____
3. Kiko y Eulalia son los hijos de María.
   ____
4. Clara y Enrique son los padres de Kiko y de Eulalia.
   ____
5. María es la hermana de Kiko y de Eulalia.
   ____
6. María es la mujer de Quique.
   ____
7. Eulalia es la hija de Kiko.
   ____
8. Quique y María son los padres de Clara y Enrique.
   ____

6 **A.** Rosa está hablando de su familia. Escucha y completa su árbol genealógico.

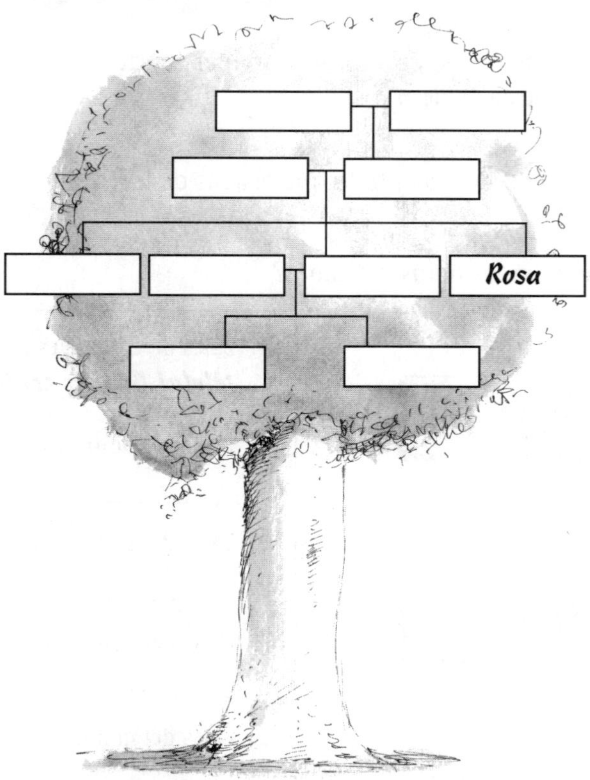

- Miguel
- Luis
- Elena
- Antonio
- Margarita
- Elvira
- Vicente
- Amparo
- Paco

B. Compara tus resultados con los de tu compañero.

C. Ahora, habla sobre tu familia con tu compañero.

✧ `Mi hermano se llama...; trabaja en...`

7 Asocia con el departamento correspondiente. Si no conoces alguna palabra, pregunta a tu profesor o búscala en el diccionario.

1. Las facturas son responsabilidad del Departamento de Contabilidad.

1. Las facturas → b
2. Los ordenadores
3. Las existencias
4. Las ventas
5. La promoción
6. El material de oficina
7. Los cursos de formación
8. Las llamadas telefónicas

a. Departamento de Recursos Humanos
b. Departamento de Contabilidad
c. Departamento de Informática
d. Departamento de Marketing
e. Almacén
f. Departamento de Compras
g. Recepción
h. Departamento Comercial

8 **A.** Escucha cómo suenan las letras **r** y **rr** en estas palabras.

aburrido	divertido	Israel
presento	general	responsable
libro	recepción	serio
correspondiente	señor	ruso
director	Enrique	compañero

Como has podido oír, la **rr** y la **r** de principio de palabra suenan más fuerte.
La **r** también suena como la **rr** si está después de **n** o **s**.

B. Ahora vuelve a oír las palabras teniendo en cuenta lo que acabas de leer.

9 ¿Qué dices en estas situaciones y en las horas indicadas?

1. 18:00
2. 20:30
3. 12:30
4. 08:30
5. 21:30
6. 17:00

1. Sales de casa y ves a un vecino.
   ¡Hola! Buenas tardes.
2. Terminas de trabajar y te vas a casa.
   ____
3. Sales de la consulta del dentista.
   ____
4. Llegas a la oficina.
   ____
5. Sales del gimnasio. Vas todos los días.
   ____
6. Entras en una farmacia para comprar.
   ____

10 **A.** Una secretaria de la empresa Overtour envía por fax un memorándum.
El fax no funciona bien y algunas palabras no están completas. Escríbelas tú.

FAX

OverTour

DE: OVERTOUR. (Departamento de Personal)

A: ADSConsulting

ASUNTO: Lista de directivos de Overtour.

- Pablo Redondo es el jefe de Informática; es el _ _ _ _ onsable de los sistemas informáticos de la empresa.
- Yolanda Ruiz es la directora comercial; es la _ _ _ a del Departamento de Ventas.
- Francisco Maceiras es el _ _ f _ de Prensa y lleva el Departamento de Relaciones Públicas.
- Macarena Guzmán es la jefa de _ _ _ _ _ bi _ _ _ _ d; lleva el Departamento de Contabililidad.
- Javier Salas es el director _ _ n _ _ _ _ _ ro; lleva el Departamento de Administración y Finanzas.
- Horacio Semper es el jefe de _ _ _ _ onal; lleva el Departamento de Recursos Humanos.

B. Un consultor de ADSConsulting recibe el memorándum. Quiere hablar con algunas personas de OVERTOUR y llama por teléfono a diferentes horas. ¿Qué le dice a la telefonista en cada caso?

1. Llama al director financiero.

2. Llama al jefe de Personal.

3. Llama al jefe de Prensa.

4. Llama a la persona que lleva el Departamento de Contabilidad.

Por la mañana: hablar con el director financiero y con el responsable de Contabilidad

Por la tarde: hablar con el jefe de Prensa y con el de Personal

11 Completa los diálogos con **el/la/los/las** o con **un/una/unos/unas**.

1. ✧ ¿Quién es Mark Morrison?
   ★ Es ______ nuevo responsable de España, Francia y Portugal.
2. ✧ ¿Quién es Luis?
   ★ ______ compañero de clase.
3. ✧ Perdón, ¿Rita Anderson? Es______ responsable de informática.
   ★ Trabaja en la quinta planta.
   ✧ Gracias.
4. ✧ ¿Quiénes son los señores Márquez?
   ★ ______ padres de Emilio.
5. ✧ ¿El Departamento de Investigación y Desarrollo?
   ★ ______ laboratorio está en______ tercera planta, pero______ oficinas están en______ cuarta.
6. ✧ Tenemos dos extranjeros en la empresa: ______ francesa, que es traductora, y ______ holandés, que es ______ director general.
7. ✧ Luis es ______novio de Ana.
8. ✧ Carmen y Elisa son ______amigas mías.

12 Lee las siguientes frases y completa el cuadro.

1. Mira, Javier, te presento a Ana, es mi novia.
2. Señor Casado, señor Gil, les presento a la señora Collins; la nueva asesora comercial.
3. Señor Jansens, mire, le presento a Olga Gil; es mi compañera de despacho.
4. María, Paula, os presento a Erik; el nuevo ayudante de Miguel.

tú	vosotros	usted	ustedes
te presento			

13 **A.** Vas a escuchar seis presentaciones. Escribe si se usan las formas correspondientes a **tú, vosotros, usted** o **ustedes.**

1. ____________ 4. ____________
2. ____________ 5. ____________
3. ____________ 6. ____________

B. Escucha otra vez y escribe quién es cada persona.

1. *Es la hija de Miguel.* 4. ____________
2. ____________ 5. ____________
3. ____________ 6. ____________

14 **A.** Lee estos tres artículos y completa las fichas.

①

ENRIQUE MOLINA ESCOBAR

Director General de la División de Papel de Ecopapel

Ingeniero industrial de 58 años. Trabaja en la compañía papelera desde 1973. Entre sus cargos anteriores están, entre otros, los siguientes: director de Marketing y jefe de Producción. Su último cargo: director general adjunto.

②

JUAN DÍAZ DELGADO

PRESIDENTE DE YAMAHA MOTOR ESPAÑA

Economista de 55 años, está vinculado al grupo Yamaha desde el año 1975, primero en la central europea de Amsterdam como director de Marketing y director de Nuevos Productos y Estrategia de la compañía en Europa, y posteriormente desde 1981 en España como fundador y director general de Yamaha Motor España.

③

LUISA DEL RÍO MONTORO

Directora de Recursos Humanos de Argentaria

Licenciada en Derecho por la Universidad Complutense de Madrid y Master en derecho del Trabajo y Seguridad Social, proviene de la secretaría general del grupo asegurador AXA, donde ocupaba el cargo de directora de Recursos Humanos.

Nombre: ....
Apellidos: ....
Edad: ....
Cargo anterior: ....
....
Cargo actual: ....

Nombre: ....
Apellidos: ....
Edad: ....
Cargo anterior: ....
....
Cargo actual: ....

Nombre: ....
Apellidos: ....
Edad: ....
Cargo anterior: ....
....
Cargo actual: ....

B. En grupos de tres. Elige a dos de las personas anteriores y preséntaselas a dos compañeros.

✧ Os presento a...
★ Encantado.
❍ Encantado. ¿Qué tal?

15 Escucha y reacciona.

1. ______________________
2. ______________________
3. ______________________
4. ______________________
5. ______________________
6. ______________________
7. ______________________
8. ______________________

16

A. Probablemente en tu lengua también existe la diferencia entre **tú** y **usted** o algo semejante. ¿A quién tratas de **tú** y a quién de **usted**? Escríbelo.

Yo trato de tú a mi familia, a mis amigos; y de usted a...

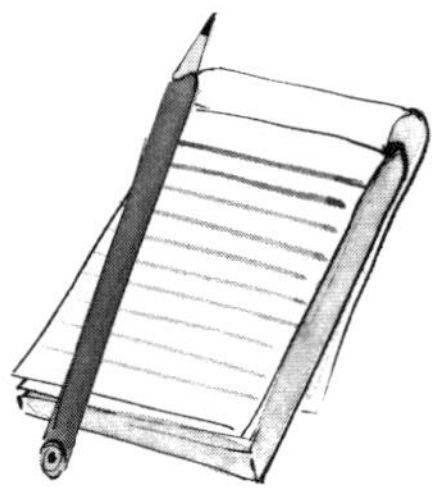

B. Habla con tu compañero. ¿Hay muchas diferencias?

17

¿Cómo tratarías en España a las siguientes personas, de **tú** o de **usted**? ¿Y en tu país? Coméntalo después en la clase con tus compañeros y tu profesor.

¿TÚ O USTED?	EN ESPAÑA	EN TU PAÍS
1. Estás en un hotel: al recepcionista.		
2. En un restaurante de lujo: a los camareros.		
3. Vas a cenar a casa de un amigo: a sus padres.		
4. Al novio de una amiga.		
5. A tu vecino; un señor de 60 años.		
6. En el banco: al empleado que siempre te ayuda y que tiene la misma edad que tú.		
7. En un congreso: a tu compañero de asiento.		
8. En el bar al que siempre vas a tomar un café o una cerveza: al camarero.		
9. Al marido o a la mujer de un conocido.		
10. En el avión: a la azafata.		

18 **A.** En parejas A y B. Aquí tienes las fotos de cuatro personas. Imaginad que A conoce a dos de ellas y B a las otras dos. Completa la ficha de las dos personas que conoces.

FICHA 1

Edad: ....

Estado civil: ....

Profesión: ....

Relación contigo: ....

Carácter: ....

FICHA 2

Edad: ....

Estado civil: ....

Profesión: ....

Relación contigo: ....

Carácter: ....

Cristina

Rubén

Maribel

Encarna

B. Haz preguntas a tu compañero para completar las fichas de las personas que ha elegido él.

FICHA 3

Edad: ....

Estado civil: ....

Profesión: ....

Relación contigo: ....

Carácter: ....

FICHA 4

Edad: ....

Estado civil: ....

Profesión: ....

Relación contigo: ....

Carácter: ....

19 Escribe frases como la del ejemplo uniendo un elemento de cada caja.

Le presento a Eliseo Píriz, un compañero de trabajo. Es el responsable del Departamento de Producción.

Éste/a/os/as es/son

Te/os/le/les presento a

Eliseo Píriz

los señores Mateo

Miguel y Nuria

Lorenzo y José

la señora Hurtado

Montse y Mario

un/a/os/unas compañero/a/os/as de trabajo

los padres de un amigo

un/a/os/as vecino/a/os/as

un/a/os/as amigo/a/os/as

mi/s hermano/a/os/as

el/la director/a de Ediciones Iglesias

es el responsable del Departamento de Producción

estudia/n Empresariales

trabaja/n en una agencia de publicidad

está/n de vacaciones

vive/n en el 5º A

lleva/n la negociación con los clientes

20 **A.** Estas personas saludan a otra persona. Escribe lo que dicen.

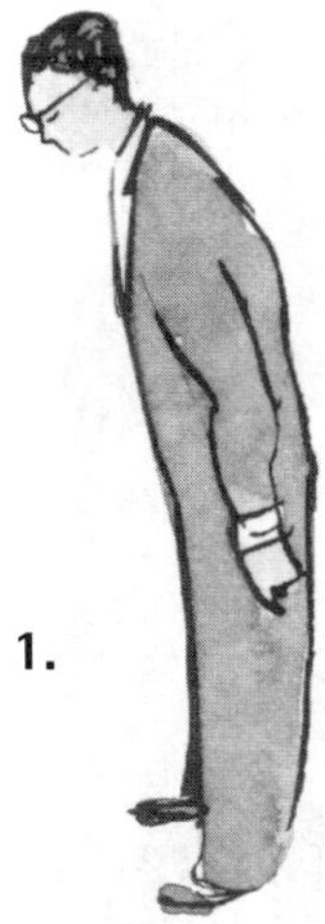
1.

2.

3.

4.

5.

6.

B. ¿Puedes escribir algo sobre la identidad de estas personas?
(nombre, nacionalidad, profesión, carácter)

C. Compara después con tu compañero.

21 **A.** De todas las palabras nuevas de esta unidad, elige las cinco que quieres recordar especialmente.

B. Escribe una frase con cada una. Tiene que ser verdad.

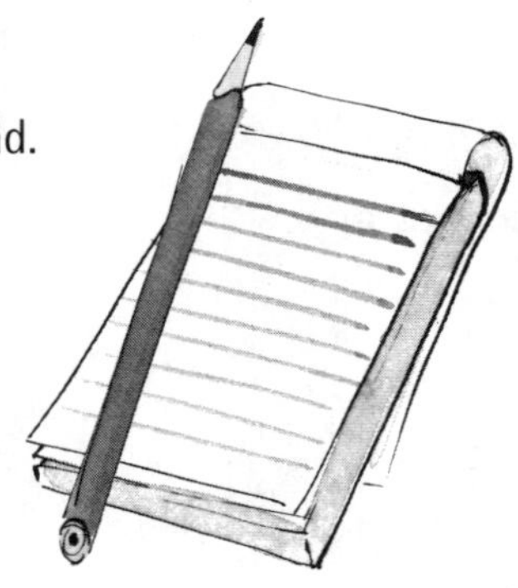

De gestiones

Ejercicios

1. Formas de preguntar la hora
2. Preguntar la hora
3. Las horas
4. Actividades y establecimientos
5. Establecimientos y horarios
6. Objetos de oficina y establecimientos
7. Objetos personales. Verbos **ir** y **llevar**
8. Describir un barrio
9. **¿Dónde está? ¿Qué hay?**
10. Esconder algo. Ubicación: **estar**
11. Descripción de lugares
12. Pronunciación: los sonidos **G/J** y **G/GU**
13. Pedir un objeto. Verbo **tener**
14. Solicitar un servicio. Establecimientos
15. Un anuncio de un establecimiento
16. Preguntas y respuestas. Verbos **poder**, **saber** e **ir**
17. Organizar la agenda del día
18. Verbos **poder**, **saber** e **ir**

1 Ordena estos tres diálogos.

1.

- ☐ Muchas gracias.
- ☐ Perdón, ¿tienes hora?
- ☐ De nada, de nada.
- ☐ Sí. Un momento... son las siete y media.

2.

- ☐ ¿Las dos? Gracias.
- ☐ Oye Alberto, perdona, ¿qué hora es?
- ☐ Las dos en punto.

3.

- ☐ Sí, las cuatro y veinte.
- ☐ Perdón, ¿tiene hora?
- ☐ Gracias.
- ☐ De nada.

2 **A.** Escucha los diálogos. ¿Qué hora es?

	¿Qué hora es?
1.	
2.	
3.	
4.	

B. Vuelve a escuchar los diálogos. ¿Qué preguntas hacen para saber qué hora es?

	Preguntas
1.	
2.	
3.	
4.	

3 Escribe qué hora marcan los relojes.

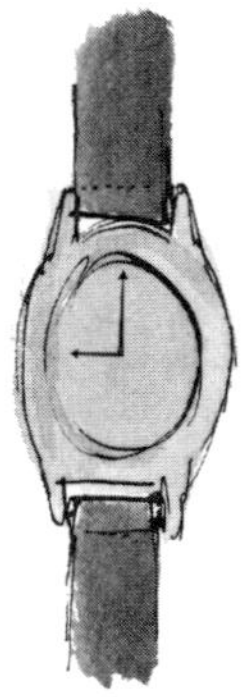

1 ____________

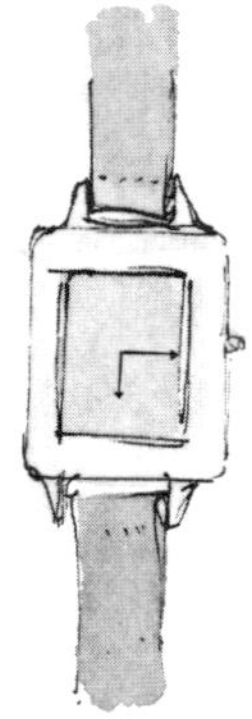

2 ____________

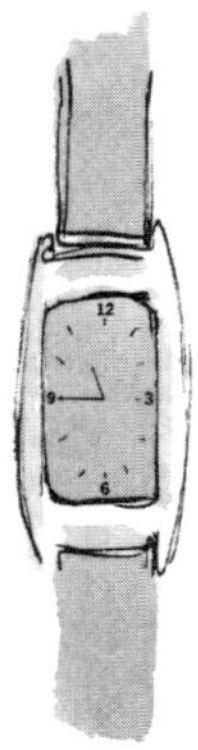

3 ____________

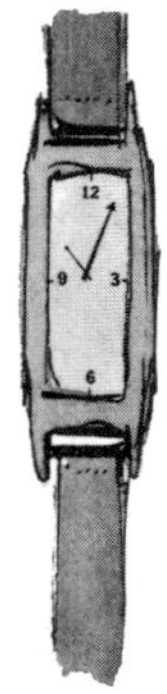

4 ____________

5 ____________

6 ____________

4 ¿Dónde puedes hacer estas actividades en España? Si no conoces la palabra, búscala en el diccionario.

1. Comprar flores	*En una floristería*
2. Ver una película	____________
3. Comprar medicinas	____________
4. Lavar la ropa	____________
5. Comprar pan	____________
6. Comer o cenar	____________
7. Comprar joyas	____________
8. Tomar un café	____________
9. Bailar	____________
10. Comprar ropa	____________
11. Comprar sellos	____________
12. Arreglar el coche	____________

5 Aquí tienes los horarios más frecuentes de algunos establecimientos en España. ¿Son iguales en tu país?

	En España	En mi país
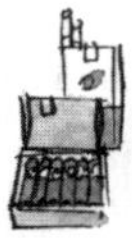 **Un estanco**	de 9.00 a 14.00 y de 17.00 a 20.00	
 **Un banco**	de 8.30 a 14.00	
 **Una tienda de ropa**	de 10 a 14.00 y de 16.30 a 20.30	
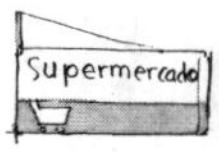 **Un supermercado**	de 9.00 a 14.00 y de 17.00 a 20.00	
 **Una oficina de Correos**	de 8.00 a 14.00	
 **Un restaurante**	de 13.00 a 16.00 y de 21.00 a 24.00	
 **Una discoteca**	de 24.00 a 5.30	
 **Un kiosco**	de 7.30 a 20.30	

6 **A.** Escucha estas palabras. ¿Son objetos de oficina o establecimientos?

Objetos de oficina	Establecimientos
______________	______________
______________	______________
______________	______________
______________	______________
______________	______________
______________	______________
______________	______________
______________	______________
______________	______________
______________	______________

B. Escribe tres palabras nuevas en cada lista. Puedes utilizar el diccionario.

7 **A.** Éste es el bolso que Mari Carmen lleva todos los días al trabajo. ¿Qué lleva dentro? Busca en el diccionario las palabras que no conozcas.

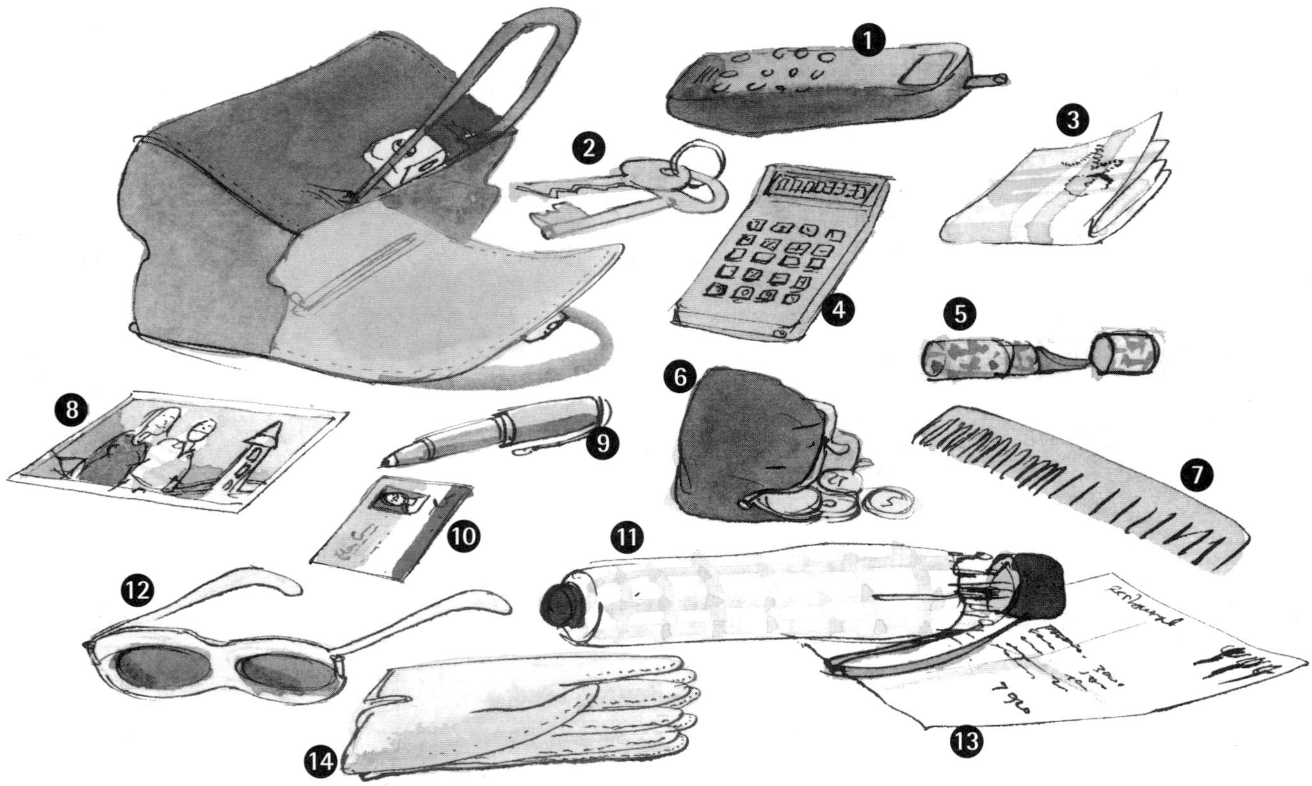

1		8	
2		9	
3		10	
4		11	
5		12	
6		13	
7		14	

B. Ahora piensa en las cosas que llevas a clase o al trabajo. Escríbelo.

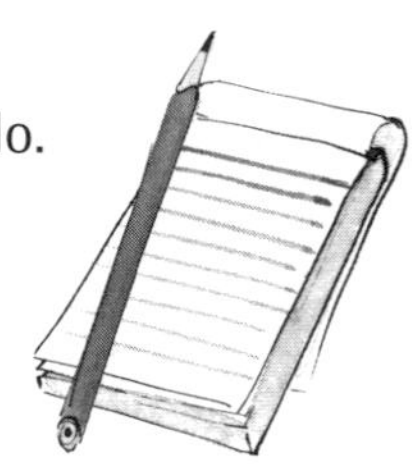

Yo, cuando voy al trabajo normalmente llevo...

8 **A.** Relaciona los iconos con las palabras de la columna de la derecha.

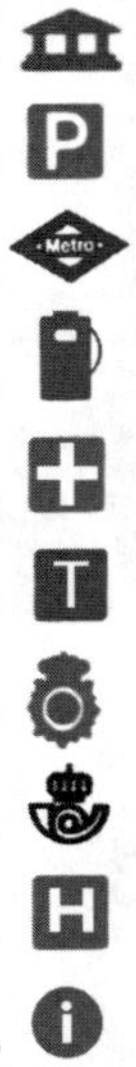

1.
2.
3.
4.
5.
6.
7.
8.
9.
10.

a. una parada de taxis
b. una estación de metro
c. un hospital
d. un parking
e. una comisaría de policía
f. una oficina de Correos
g. un hotel
h. un museo
i. una gasolinera
j. una oficina de información turística

B. Ahora, crea tus propios iconos para estos establecimientos. Puedes poner una letra o inventarte símbolos.

☐ una farmacia ☐ un estanco ☐ un restaurante ☐ un supermercado ☐ un cine

☐ una tienda de ropa ☐ una lavandería ☐ una panadería ☐ una joyería ☐ un banco

C. Dibuja un plano de tu barrio. No te olvides de poner los iconos de todos los establecimientos y servicios que hay. Después comenta con tu compañero qué hay cerca de donde vives.

✧ Mira, aquí hay una farmacia y al lado una cafetería...

9 **A.** Pedro no encuentra una cosa y llama a Luisa, su mujer, para pedirle ayuda. Escucha la conversación. ¿Qué busca?

B. Ahora observa esta habitación de la casa de Pedro. ¿Qué hay?

1	
2	
3	
4	
5	
6	
7	
8	
9	
10	
11	
12	

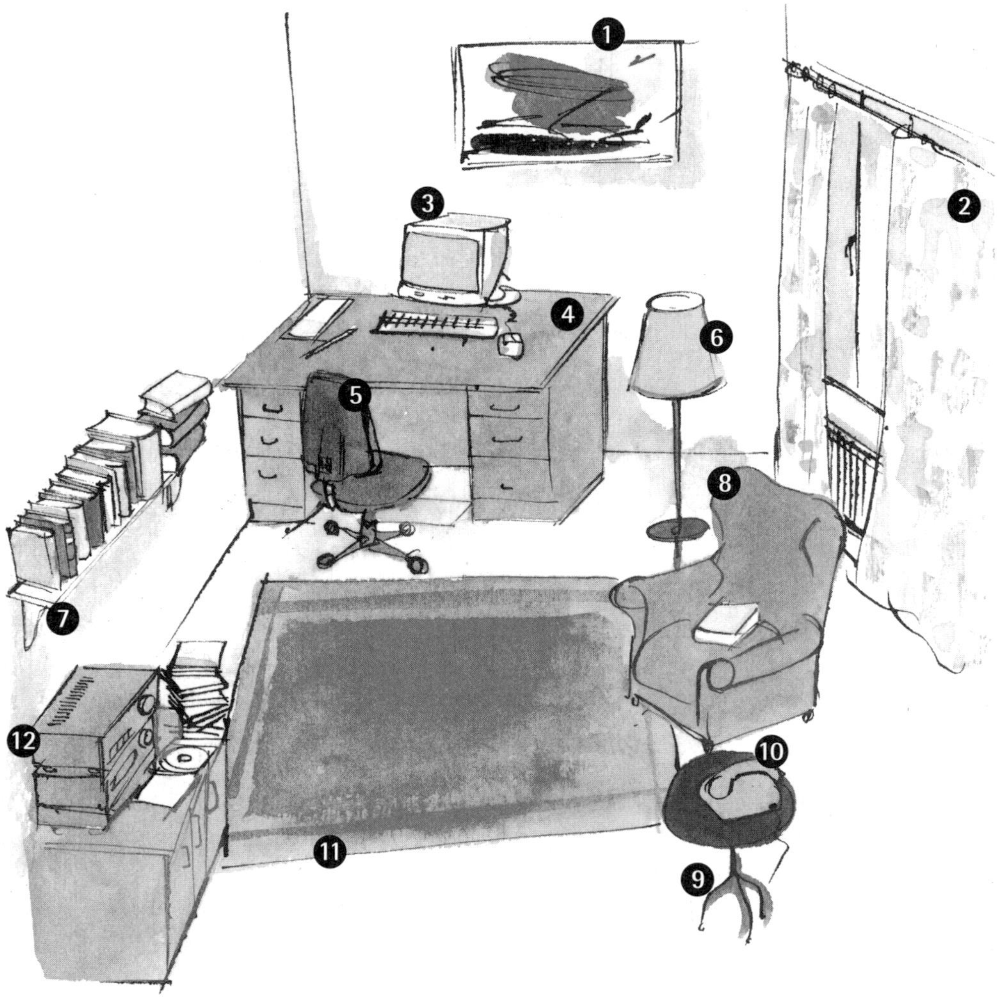

C. Escucha la conversación otra vez y marca en el dibujo en qué lugares tiene que mirar Pedro. ¿Sabes dónde está lo que busca?

10 En parejas. Tienes que esconder tu bolígrafo en algún lugar de la clase. Escríbelo en un papel. Después, tu compañero te va a hacer preguntas para descubrir dónde está.

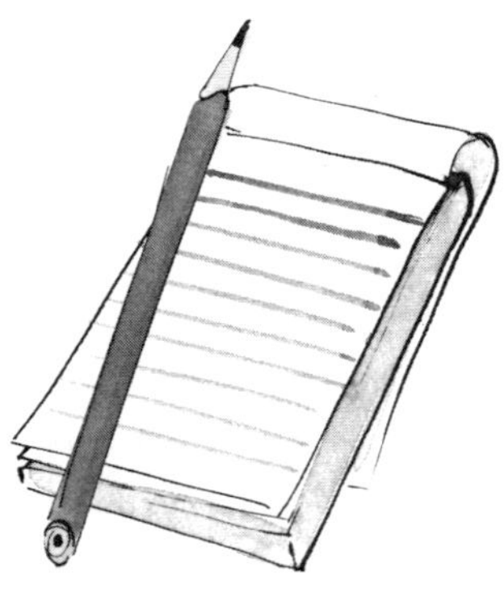

✧ ¿Está debajo de tu cuaderno?
★ No.

11 Relaciona lugares y frases.

1. Madrid
2. En París
3. Portugal
4. El aeropuerto J.F. Kennedy
5. En Río de Janeiro
6. En Australia
7. En Canadá
8. La Puerta de Brandemburgo

a. está en Nueva York.
b. hay muchos canguros.
c. hay dos lenguas oficiales.
d. está al lado de España.
e. hay un carnaval muy famoso.
f. está en el centro de España.
g. está en Berlín.
h. hay un edificio de Eiffel.

12 **A.** Escucha las palabras y ponlas en la columna adecuada.

Sonido G/J (ja, je, ji, jo, ju, ge, gi)	
Sonido G/GU (ga, gue, gui, go, gu)	***Guipúzcoa***

B. ¿Sabes en qué países están los lugares anteriores? Escríbelo y después coméntalo con un compañero.

✧ Guipúzcoa está en España, en el País Vasco, creo.

13 En parejas.

Alumno A. Aquí tienes dos listas de cosas que normalmente se utilizan en una oficina. Imagina que tienes cuatro y que necesitas otras cuatro. Márcalas con una X. Después, pide a tu compañero las cuatro cosas que necesitas.

Tienes	Necesitas
☐ una grapadora	☐ un disquete
☐ un sobre	☐ un sello
☐ un clip	☐ un bolígrafo
☐ una hoja de papel	☐ una goma
☐ un lápiz	☐ un rotulador
☐ una regla	☐ unas tijeras
☐ un diccionario	☐ una calculadora
☐ un euro	☐ un sacapuntas

Alumno B. Aquí tienes dos listas de cosas que normalmente se utilizan en una oficina. Imagina que tienes cuatro y que necesitas otras cuatro. Márcalas con una X. Después, pide a tu compañero las cuatro cosas que necesitas.

Tienes	Necesitas
☐ un disquete	☐ una grapadora
☐ un sello	☐ un sobre
☐ un bolígrafo	☐ un clip
☐ una goma	☐ una hoja de papel
☐ un rotulador	☐ un lápiz
☐ unas tijeras	☐ una regla
☐ una calculadora	☐ un diccionario
☐ un sacapuntas	☐ un euro

✧ ¿Tienes una grapadora?
★ No, no tengo. Y tú, ¿tienes un bolígrafo?
❍ Sí, toma.

14 **A.** Varias personas están en diferentes establecimientos. Completa los diálogos.

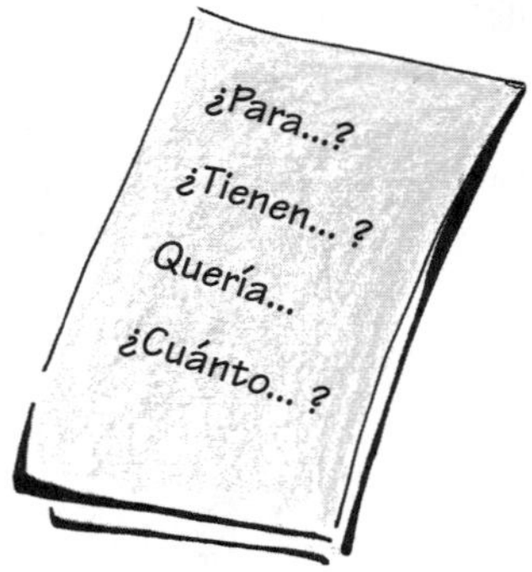

1. ✧ Buenos días. ____________ alquilar un coche.
   ★ ¿Qué modelo quiere?

2. ✧ ¿ ________ bolígrafos?
   ★ Sí, claro. ¿De qué color?

3. ✧ Perdone, ¿ __________ comprar una entrada para el concierto de esta noche?
   ★ Sí, aquí a la izquierda.

4. ✧ ¿Desea alguna cosa?
   ★ Sí. ¿ ___________ cuesta la entrada al museo?

5. ✧ Oiga, ¿ __________ poner gasolina sin plomo?
   ★ Aquí al lado.
   ✧ Gracias.

6. ✧ Hola. _________ reservar un billete para Madrid.
   ★ Un momento, por favor.

7. ✧ Hola. Buenos días.
   ★ ___________ dos sellos para Estados Unidos.

8. ✧ Perdone, ¿ ___________ cuesta un billete para Bilbao?
   ★ ¿En tren?
   ✧ No, en autocar.

9. ✧ ¿ _________ prensa internacional?
   ★ Sí, está al lado de las postales.

10. ✧ ¿ _________ renovar el pasaporte?
    ★ La primera planta a la derecha.

B. ¿Dónde crees que están las personas del apartado anterior?

1.	*En una oficina de alquiler de coches.*	6.	
2.		7.	
3.		8.	
4.		9.	
5.		10.	

15 **A.** Lee el anuncio y responde a las preguntas. Recuerda que no es importante entender cada palabra.

¿Qué es?	
¿Qué hay?	
¿Dónde está?	
¿Cuál es su horario?	

El acuario de Barcelona
es otro mundo

L'aquàrium
Port Vell (Barcelona)

Un fascinante paseo por el mundo submarino donde podrás ver peces exóticos, tiburones y otras especies subacuáticas. El acuario más importante y grande del mundo especializado en la fauna marina del Mediterráneo. Una de las principales atracciones es un túnel transparente de ochenta metros que muestra diferentes mares del mundo. Paisajes marinos que representan tres zonas del Mediterráneo en el nuevo espacio "¡Explora!". Único en el mundo.

Servicios: Auditorio, Sala Mediterránea, cajero automático, cafetería, tienda temática, terraza panorámica, servicio de información.

Horario: de 10.00 a 21.00 horas.

B. Elige uno de estos establecimientos y escribe un anuncio. Si quieres, puedes proponer otro establecimiento que no esté en la lista.

un parque de atracciones · una discoteca · una sala de juegos · un museo · una agencia de viajes · un museo

16 Relaciona las preguntas con las respuestas.

1. ¿Dónde puedo comprar sellos?
2. ¿Sabes dónde está el despacho de la Sra. Martínez?
3. ¿A qué hora vas al aeropuerto?
4. ¿Sabes cómo se llama esto?
5. ¿Dónde puedo comprar un periódico?
6. ¿Adónde vas a las 10?

a. Creo que es un "lápiz".
b. A las 12.
c. En la segunda planta.
d. En un kiosco.
e. A Correos.
f. En un estanco.

17 **A.** Organízate el día. ¿Qué tienes que hacer hoy? (También puedes organizar la agenda de mañana).

Agenda

8.00 ______

9.00 ______

10.00 ______

11.00 ______

12.00 ______

13.00 ______

14.00 ______

15.00 ______

16.00 ______

17.00 ______

18.00 ______

19.00 ______

20.00 ______

B. ¿A qué lugares tienes que ir para hacer las actividades de tu agenda?

18 Completa el cuadro.

	PODER	SABER	IR
yo			
tú		*sabes*	
él, ella, usted	*puede*		
nosotros/as			
vosotros/as			*vais*
ellos/as, ustedes			

Locales y oficinas

Ejercicios

1 Rellenar cheques. Números a partir del **1.000**

2 Vocabulario: partes de la casa. Formular preguntas

3 Anuncios de pisos. **Es, está, tiene, cuesta...**

4 Descripciones de casas. **Es, está, tiene, hay**

5 Verbos irregulares: **preferir, querer, poder** y **volver**

6 Pronunciación: diptongos **ie** y **ue**

7 Vocabulario: muebles. Precios. **Cuesta el doble/el triple...**

8 Cantidades y porcentajes

9 Comparar datos de dos países

10 Comparativos. Verbos **ser, estar** y **tener**

11 Comparar casas

12 Valoraciones

13 Sustantivos. **El/un, la/una**

14 Valorar ofertas

15 Series de números

16 Contrarios

17 Verbos

18 Decidir el mejor negocio

1 Estos cheques están incompletos. Escribe en ellos los datos que faltan.

1

BH

C/ Capitán Arenas, 3
08028 BARCELONA
Tel. 93 - 7045873

Código cuenta cliente (CCC)

Entidad	Oficina	Control	Nº cuenta
0000	3245	23	8245889543

Páguese, por este cheque, a *al portador*
Euros (en letras) *dos millones doscientos cincuenta mil euros*

Serie nº 000 Barcelona, de de
Fecha (en letras)
0 . 230 . 972 - 5

023097254345 3245 8245889543

2

BH

C/ Capitán Arenas, 3
08028 BARCELONA
Tel. 93 - 7045873

Código cuenta cliente (CCC)

Entidad	Oficina	Control	Nº cuenta
0000	3245	23	8245889543

#53.250€ #

Páguese, por este cheque, a *al portador*
Euros (en letras)

Serie nº 000 Barcelona, de de
Fecha (en letras)
0 . 230 . 972 - 5

023097254345 3245 8245889543

3

BH

C/ Capitán Arenas, 3
08028 BARCELONA
Tel. 93 - 7045873

Código cuenta cliente (CCC)

Entidad	Oficina	Control	Nº cuenta
0000	3245	23	8245889543

Páguese, por este cheque, a *al portador*
Euros (en letras) *cuarenta mil veinticinco euros*

Serie nº 000 Barcelona, de de
Fecha (en letras)
0 . 230 . 972 - 5

023097254345 3245 8245889543

4

BH

C/ Capitán Arenas, 3
08028 BARCELONA
Tel. 93 - 7045873

Código cuenta cliente (CCC)

Entidad	Oficina	Control	Nº cuenta
0000	3245	23	8245889543

#7.130€ #

Páguese, por este cheque, a *al portador*
Euros (en letras)

Serie nº 000 Barcelona, de de
Fecha (en letras)
0 . 230 . 972 - 5

023097254345 3245 8245889543

2 **A.** Una agencia inmobiliaria de Bilbao anuncia este piso. Mira el plano y completa las palabras. Puedes usar el diccionario.

¡Gran oportunidad!

TORRES
Agencia Inmobiliaria

Bien distribuido. Grande.

Amplio recibidor, 3 ventanas a la calle, 3 dormitorios, 1 cuarto de baño, aseo, salón y cocina. Muy buena situación.

Referencia 24/62

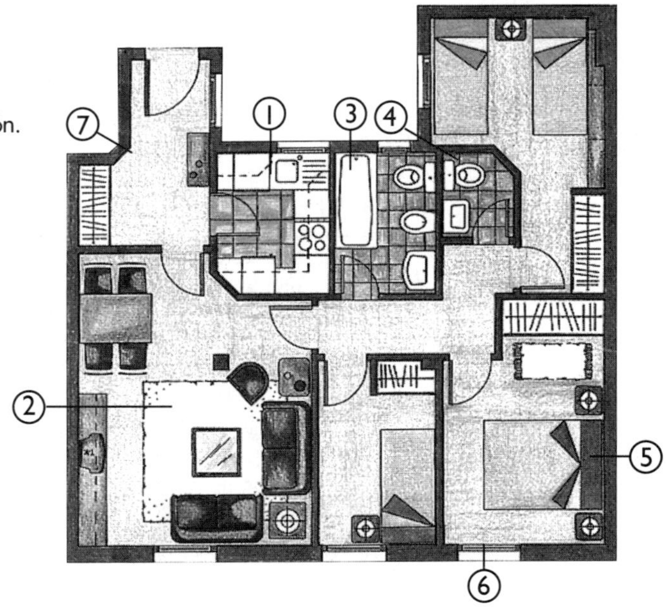

1. C _ _ _ _ _
2. S _ _ _ _
3. C _ _ _ _ _ DE B _ _ _
4. A _ _ _
5. D _ _ _ _ _ _ _ _ _ _
6. V _ _ _ _ _ _
7. R _ _ _ _ _ _ _ _ _

B. Imagina que tu empresa te traslada a Bilbao y que tienes que alquilar un piso. Éste te interesa, pero necesitas más información. Escribe las preguntas. Puedes usar elementos de 2 ó 3 cajas.

¿Cuánto cuesta?

cuánto cuánta cuántos cuántas dónde	es está tiene necesita cuesta	garaje reformas metros nuevo ascensor luz exterior calefacción

C. Ahora escucha la conversación. ¿Puedes responder a todas tus preguntas?

D. Con toda la información que tienes, ¿alquilas el piso? ¿Por qué?

3 **A.** Observa cómo en este anuncio se abrevian muchas palabras. Interpreta y reescribe los otros dos siguiendo el modelo.

① **JTO. MERCADO DE LA CONCEPCIÓN**

Barrio tranquilo, no nec. reform., 3 hab., bño., aseo/coc. nvos., Tza. amplia, fantásticas vtas., asc., pl. pk. opc. 145.000 euros.

Tel. 901 56 65 65

Este piso no necesita reformas. Está junto al Mercado de la Concepción, en un barrio tranquilo. Tiene tres habitaciones y un baño. El aseo y la cocina son nuevos. La terraza es muy amplia y tiene unas vistas fantásticas. Tiene ascensor y plaza de parking opcional. Cuesta 145.000 euros.

② **JTO. PZA. DE CUBA**

Apart. de lujo. Reform. 1 hab. Salón 20 m^2 ext. 2 balcones, park. opc. Bñ. con jacuzzi, coc. americana. Calef. y aire acond. 98.000 euros.

Tel. 901 56 65 65

③ **AVDA. DON SANCHO**

Muy bien comunic. jto. parque. Muchos m^2, 4 hab., 2 bñ., coc. reform., gr. salón, trza. 34 m, calefac. central., luz, asc., 195.000 euros.

Tel. 901 56 65 65

B. Lee ahora las fichas de estas personas que buscan piso. ¿Puedes recomendarles uno de los pisos anteriores?

1. Lola Fuentes busca un apartamento. Vive sola. Quiere un estudio con una sola habitación, pero con un salón grande. Tiene que ser exterior, con mucha luz; preferiblemente con terraza o con balcón. Necesita plaza de parking.

2. Pilar y Candela quieren comprar un piso para dos personas. Prefieren algo nuevo, pero no les importa tener que hacer alguna pequeña reforma. Quieren vivir en una zona tranquila, cerca del centro.

3. Los señores Conesa buscan una casa o un piso grande. Tienen dos hijos y un perro. Necesitan 4 habitaciones y 2 cuartos de baño completos. Buscan una zona tranquila y con jardines. No quieren hacer reformas.

4 Quieres pasar tus próximas vacaciones en España. La empresa Interhogar pone en contacto a gente de distintos países que quiere intercambiar sus casas para pasar las vacaciones. Aquí tienes la descripción de tres casas situadas en diferentes lugares de España. Elige una de ellas. Escribe, luego, una breve descripción de la tuya.

Inter Hogar

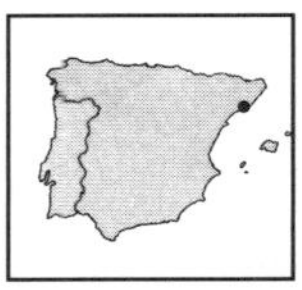

Canet de Mar (Barcelona)
Casa situada en las afueras del pueblo, a cinco minutos de la playa y de la montaña y a unos 50 km de Barcelona. Es una construcción de principios de siglo que se mantiene en su estado original. Tiene dos plantas, cinco habitaciones, cocina, dos salones, dos cuartos de baño y jardín. También hay televisión y teléfono. Ideal para una familia o un grupo de amigos.
Ref. 23/78A

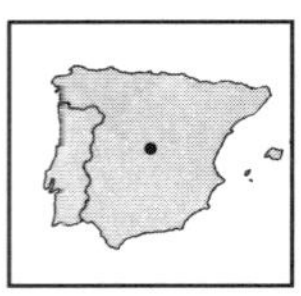

Madrid
Gran piso de lujo en pleno centro de Madrid. Situado en un elegante edificio de finales del XIX con preciosas vistas al Paseo de la Castellana. Tiene tres habitaciones, una gran cocina, techos altos y suelos de madera. Tiene dos cuartos de baño. En el salón hay una preciosa chimenea. Decorado con muebles de época. Ascensor y parking.
Ref. 44/61B

Costa del Sol (Málaga)
Apartamento de dos habitaciones, salón, cocina y cuarto de baño. Está situado a 10 km. de Marbella en una urbanización al lado del mar. Tiene una piscina comunitaria y dos pistas de tenis. Televisión con antena parabólica, teléfono. Gran terraza con vistas.
Ref. 29/79A

5 **A.** Escucha y completa las palabras con las vocales que faltan.

1. p r e f i e r o
2. p _ _ d _ n
3. p r _ f _ _ r _ s
4. q _ _ _ r _ s
5. v _ _ l v _ s
6. p _ d _ m _ s
7. v _ l v _ _ s
8. p r _ f _ r _ m _ s
9. q _ _ _ r _ n
10. p _ d _ _ s
11. v _ _ l v _
12. q _ _ _ r _

B. Coloca en el lugar correspondiente del cuadro las formas verbales anteriores. Después añade las formas que faltan.

	PREFERIR	QUERER	PODER	VOLVER
yo	***prefiero***			
tú				
él, ella, usted				
nosotros/as				
vosotros/as				
ellos, ellas, ustedes				

C. Ahora, observa el cuadro e intenta formular una regla.

- En español, algunos verbos en Presente cambian la **e** del Infinitivo por **ie** en las formas yo, tú, él, ella, usted y _____ , _____ , _____.
- Otros verbos cambian la **o** del Infinitivo por **ue** también en las formas yo, _____ , _____ , _____ , _____ y _____ , _____ , _____ .
- En las formas nosotros/as y _______________ nunca hay cambios de vocales en Presente.

6 En español hay muchas palabras que tienen los diptongos **ie** y **ue**. Vas a escuchar algunas. Escríbelas en la casilla correspondiente.

IE	***siete***
UE	

7 **A.** Algunos artículos de los Almacenes Estilo no tienen el nombre escrito en las etiquetas. ¿Por qué no lo pones tú?

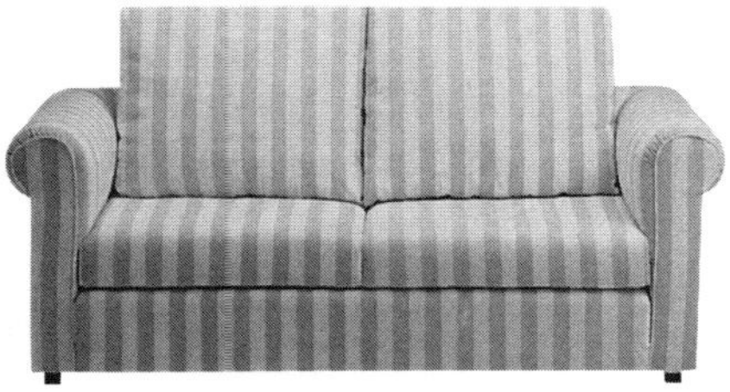
1 *sofá*

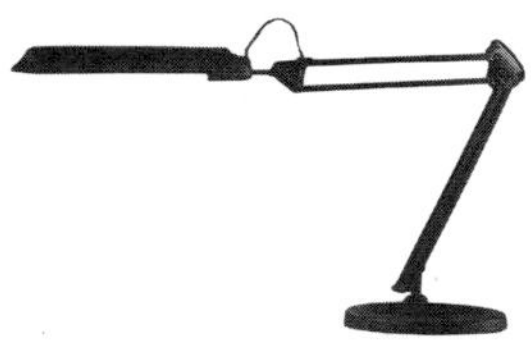
2

3

4

5

6

7

8

9

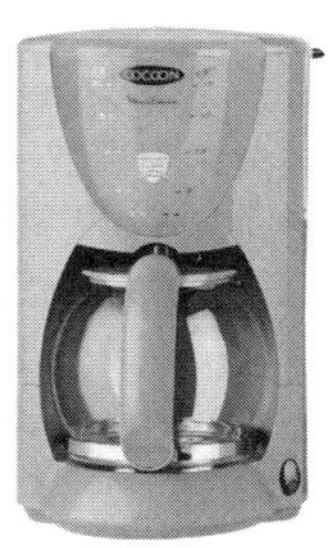
10

11

12

B. Habla con tu compañero y piensa cuál puede ser el precio aproximado de cada mueble u objeto.

✧ ¿Cuánto crees que puede costar esto?
★ Unos 45 euros, ¿no?
✧ Yo creo que cuesta menos...

C. Éstos son los precios exactos de los muebles y los objetos anteriores: 11€; 15€; 17€; 20€; 30€; 30€; 128€; 228€; 250€; 650€; 750€; 1300€. Lee estas frases y escribe el precio de cada cosa al lado del número que le corresponde.

El sofá cuesta el triple que la silla.
La escalera y el jarrón cuestan lo mismo.
La chimenea cuesta el doble que la alfombra.
El marco es el objeto más barato.
La cafetera cuesta 3 euros menos que la lámpara.
El frigorífico cuesta 100 euros menos que el escritorio.
La bandeja cuesta la mitad que el jarrón.

Precios:

1. ______	7. ______
2. ______	8. ______
3. ______	9. ______
4. ______	10. ______
5. ______	11. ______
6. ______	12. ______

8

A. Aquí tienes un estudio sobre el mercado inmobiliario realizado en Barcelona en 1998. Léelo y después relaciona las dos columnas de abajo.

En 1998:
1 euro = 165 ptas. aprox.

MERCADO INMOBILIARIO
CONSTRUCCIÓN DE VIVIENDAS

	1998	1997	
PRECIO MEDIO POR METRO CUADRADO TOTAL	7.409	6.605	+11%
PRIMERA MANO	255.508	240.787	+6%
SEGUNDA MANO Primer semestre	241.210	224.982	+7%
ALQUILER (pesetas/m²/mes) Primer semestre	873	904	-3%
PARKING NUEVO En millones	2,4	2,57	-6%
ALQUILER OFICINAS 1er SEMESTRE Pesetas/ m²/mes	1.097	979	+12%

- El precio medio del metro cuadrado
- El metro cuadrado de una vivienda nueva
- El metro cuadrado de una vivienda de 2ª mano
- Los parkings
- El metro cuadrado de una oficina alquilada

- cuesta un 7% más que en 1997.
- sube un 12%.
- es el más caro.
- sube un 11%.
- bajan un 6%.

B. ¿Crees que Barcelona es una ciudad cara? Piensa en tu ciudad y en otras ciudades que conozcas y compara precios. Puedes usar **un poco, bastante, demasiado** y **muy**. Coméntalo con tu compañero.

✧ En mi ciudad los pisos son...

9 Compara los datos de Chile y Argentina y escribe frases siguiendo el modelo.

Argentina es mucho más grande que Chile, pero Chile tiene más habitantes por kilómetro cuadrado.

CHILE

CHILE

Nombre oficial: República de Chile
Fecha de creación: 1810
Capital: Santiago
Población: 14,5 millones de habitantes
Composición de la población: blancos y mestizos 92%, araucanos 6%, otras 2%
Superficie: 756.626 km^2
Densidad: 19 habitantes por km^2
Lengua oficial: español
Religiones: católicos 89%, protestantes 11%
Sistema de gobierno: República multipartidista
Moneda: peso = 100 centavos
Fronteras políticas: Perú, Bolivia, Argentina

ARGENTINA

ARGENTINA

Nombre oficial: República Argentina
Fecha de creación: 1816
Capital: Buenos Aires
Población: 33,7 millones de habitantes
Composición de la población: descendientes de inmigrantes europeos 85%, otras (incluidos indios y mestizos) 15%
Superficie: 2.766.890 km^2
Densidad: 13 habitantes por km^2
Lengua oficial: español
Religiones: católicos 90%, judíos 2%, otras 8%
Sistema de gobierno: República representativa federal
Moneda: peso = 100 centavos
Fronteras políticas: Chile, Bolivia, Paraguay, Brasil, Uruguay

10 Lee la descripción de los hoteles que aparecen en la página 68 del *Libro del alumno* y escribe el número del hotel correspondiente.

- ☐ Es el más antiguo.
- ☐ Está en la playa.
- ☐ Es el más barato.
- ☐ Tiene peluquería.
- ☐ Tiene una sala de baile.
- ☐ Es el más adecuado para hacer deporte.
- ☐ Es el más caro.
- ☐ Tiene tiendas.

1. HOTEL SANTA CLARA

4. HOTEL MARRIOT PLAZA

2. HOTEL HYATT DORADO BEACH

3. HOTEL ANAUCO HILTON

11 En grupos de tres. Vais a hablar sobre vuestras casas. ¿Cuál de las tres tiene más...?

alfombras | teléfonos | ventanas | puertas | sillas | televisiones | mesas | lámparas

✧ La casa que más ventanas tiene es la de Paul, tiene 12.

12 Lee estas frases. ¿Crees que tienen un sentido positivo o negativo?

	+	-
1. Es demasiado moderna.		
2. Este escritorio es un poco antiguo.		
3. Es muy original.		
4. Mmm, es un poco grande...		
5. Demasiado clásico.		
6. Éste es bastante barato.		
7. Es un poco caro.		
8. Es un poco feo.		
9. Mmm, demasiado lleno.		
10. Es un edificio muy bonito.		

13 **A.** Aquí tienes algunas palabras de esta unidad. Escríbelas donde corresponda.

reloj alfombra ordenador sofá cortina escritorio calefacción
ascensor garaje terraza salón recibidor lámpara frigorífico habitación

el/un	la/una
reloj	

B. Escoge cinco nombres y combínalos con adjetivos (**caro/a**, **bonito/a**, **cómodo/a**, **grande**, **antiguo/a**, etc.) como en el ejemplo. Las frases tienen que ser verdad.

El garaje de mi casa es muy pequeño.

14 Trabajas en el Departamento de Compras de unos grandes almacenes. Varios fabricantes te ofrecen estos muebles. ¿Cuáles compras? Escribe frases explicando tu elección.

Sillón giratorio
125 €

Sillón reclinable
275 €

Sillón de orejas
120 €

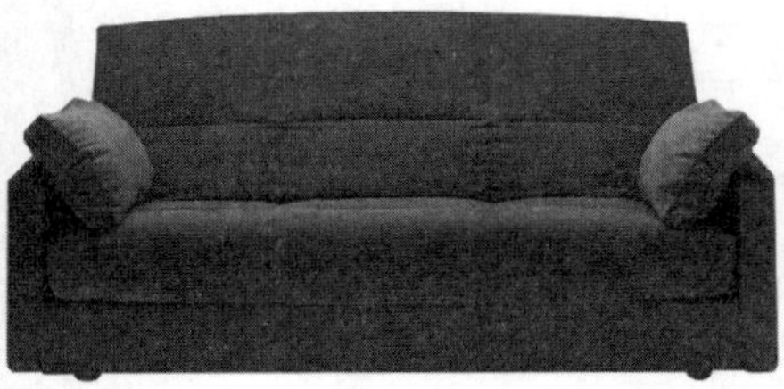

Sofá cama
785 €

Sofá dos plazas
395 €

Sofá de esquina
1250 €

Reloj de pared
25 €

Reloj despertador
19 €

Reloj digital
22 €

Compro el sillón... porque...

15 Aquí tienes la serie del número 5. Escribe tú una serie con otro número. Compárala con la de tu compañero. ¿Quién tiene la serie más larga?

5	*cinco*
55	*cincuenta y cinco*
555	*quinientos cincuenta y cinco*
5.555	*cinco mil quinientos cincuenta y cinco*
55.555	*cincuenta y cinco mil quinientos cincuenta y cinco*

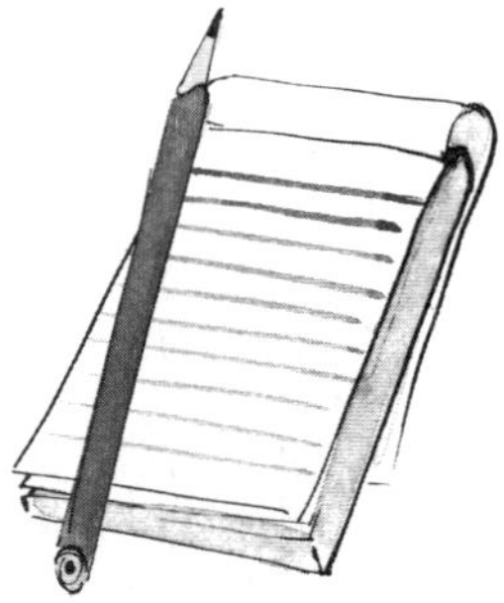

16 Completa los siguientes pares de palabras. Puedes consultar el diccionario.

bonito/a	*feo/a*
cómodo/a	
moderno/a	
barato/a	
pequeño/a	

seguro/a	
exterior	
peor	
corto/a	
lleno/a	

17 Completa las frases con los verbos que faltan.

amortizas invertir rentabilizar ahorran comprar alquilo

1. No es un negocio arriesgado; en poco tiempo podemos ________ la inversión.
2. ___________ en este negocio es muy arriesgado porque no conocemos el mercado.
3. Los españoles prefieren _________ su vivienda porque los alquileres son muy caros.
4. Con este sistema de comunicación interna las empresas ___________ tiempo y dinero.
5. Cuando viajo, siempre ___________ un coche.
6. Es un negocio seguro porque _________ el capital en tres años.

18 En un periódico español han aparecido estos tres anuncios. Imagina que tienes un capital de 150.000 euros que quieres invertir para abrir un negocio en España. Elige uno de los tres y explica tu elección (intereses personales, inversión, amortización, rentabilidad, etc.).

Para mí el mejor negocio es... porque...

Intermarché

Es el momento de actuar...
*"Si usted tiene entre 25 y 50 años, con sólo 90.0000 euros invertidos en su propia empresa y con el apoyo de **Intermarché**, podrá crear su propio supermercado."*

Intermarché es un Supermercado alimentario con plena orientación al trato humano de sus clientes. **Intermarché** demuestra cada día su dinamismo a través de Europa. Francia, Bélgica, Portugal, Italia, Polonia y, naturalmente, España, aprecian ya su política de precios bajos asequibles al mayor número de personas, así como su especialidad: los productos frescos.

*3.356 puntos de venta en Europa, 2.500 empresarios y un volumen de negocios que mueve millones de euros.

INTERMARCHÉ

LIZARRAN

Tabernas selectas al estilo del País Vasco

DESAYUNOS

TAPAS **VINOS**

El éxito de los establecimientos se basa en una amplia oferta de tapas, más de trescientas, que el cliente puede servirse directamente en la barra.

Inversión inicial: 109.000 euros
Amortización: 2 años y medio
Rentabilidad: 20%

10 años de experiencia

Únase a la franquicia rentable
Únase a CASHJOYA

Concepto único en España.
Compra-venta y cambio de artículos de joyería y relojería.
En las tiendas CASHJOYA se adquieren diamantes directamente de la Bolsa de Diamantes.
Los artículos CASHJOYA se venden al 50% de su precio en el mercado.

La franquicia con resultados desde el primer mes

Inversión aproximada 133.000 €

Tel.: 900 100 295

COMPRUEBA TUS CONOCIMIENTOS

1 Elige la opción más adecuada.

1. Señor Laguna, ________________ al señor Andersen.
   - ☐ a. presento
   - ☐ b. le presento
   - ☐ c. te presento
   - ☐ d. les presento

2. ✧ Interdata, buenas tardes. ¿Dígame?
   ★ ______________________________
   - ☐ a. Hasta luego.
   - ☐ b. Hola, buenas tardes.
   - ☐ c. Adiós, buenas noches.
   - ☐ d. ¡Hasta mañana!

3. ✧ ¿Está la Sra. Corral?
   ★ ______________________________
   - ☐ a. Lo siento, un momento.
   - ☐ b. Sí, un momento, por favor.
   - ☐ c. No está en una reunión.
   - ☐ d. Sí, por favor.

4. ¿Quién ______________ el Departamento de Contabilidad?
   - ☐ a. hace
   - ☐ b. lleva
   - ☐ c. está
   - ☐ d. es

5. ¿Quién__________Concha Sevilla?
   - ☐ a. es
   - ☐ b. está
   - ☐ c. hace
   - ☐ d. lleva

6. ✧ ¿Dónde ________ la fotocopiadora?
   ★ ________________ los archivadores.
   - ☐ a. es/Al lado
   - ☐ b. está/Lado de
   - ☐ c. está/Al lado de
   - ☐ d. está/Cerca

7. ✧ ¿El horario de los bancos en verano?
   ★ ________ocho ________tres, creo.
   - ☐ a. A las / a las
   - ☐ b. Las/las
   - ☐ c. De/las
   - ☐ d. De/a

8. ¿ ______________________ las farmacias?
   - ☐ a. Cuál es el horario de
   - ☐ b. Qué es el horario de
   - ☐ c. A qué hora tienen
   - ☐ d. Qué horas tienen

9. ¿Sabes dónde __________ restaurante por aquí?
   - ☐ a. hay
   - ☐ b. está un
   - ☐ c. hay un
   - ☐ d. hay el

10. ✧ ______________enviar un paquete.
    ★ Sí, un momento por favor.
    - ☐ a. Puedo
    - ☐ b. Quería
    - ☐ c. Tengo
    - ☐ d. Sabes

11. Luis y yo ______________ a la presentación del nuevo sistema informático.
    - ☐ a. tenemos ir
    - ☐ b. tenemos que ir
    - ☐ c. tenéis que ir
    - ☐ d. tenemos

12. La casa ________ más grande que el piso; ________ muchos más metros cuadrados.
    - ☐ a. es/es
    - ☐ b. tiene/es
    - ☐ c. es/tiene
    - ☐ d. tiene/tiene

13. El sofá pequeño cuesta 120 euros y el grande cuesta 240 euros, el sofá grande cuesta ______________que el primero.
    - ☐ a. la mitad
    - ☐ b. lo mismo
    - ☐ c. el triple
    - ☐ d. el doble

14. Mi lámpara es ________moderna ____________la tuya.
    - ☐ a. mejor/que
    - ☐ b. más/que
    - ☐ c. un poco/que
    - ☐ d. la más/que

15. ✧ ¿ ______________________________?
    ★ Sí, toma.
    - ☐ a. Tienes un bolígrafo
    - ☐ b. Necesito un bolígrafo
    - ☐ c. Escribes con bolígrafo
    - ☐ d. Tienen bolígrafo

16. El piso __________________ en un barrio tranquilo.
    - ☐ a. es
    - ☐ b. tiene
    - ☐ c. está
    - ☐ d. va

17. Este piso está __________________ centro.
    - ☐ a. más cerca
    - ☐ b. más cerca de
    - ☐ c. muy cerca del
    - ☐ d. muy cerca

18. El hotel __________________120 habitaciones.
    - ☐ a. es
    - ☐ b. está
    - ☐ c. hace
    - ☐ d. tiene

19. Ana y María______________todos los días al gimnasio.
    - ☐ a. hacen
    - ☐ b. van
    - ☐ c. son
    - ☐ d. están

20. ¿ ____________ alquilar un coche pequeño?
    - ☐ a. Cuánto cuestan
    - ☐ b. Cuánto dinero
    - ☐ c. Cuánto precio
    - ☐ d. Cuánto cuesta

Resultado: __________de 20

2 Pedro está de vacaciones en los apartamentos Sol y Mar de Palma de Mallorca. Lee la postal que escribe a sus amigos y corrige los datos que no son correctos.

Apartamentos Sol y Mar (Palma de Mallorca)

Situación: en la zona residencial de la Bonanova y a 15 minutos del centro de Palma. Muy cerca de la playa.

Características: apartamentos de un dormitorio con salón comedor (máximo tres personas) que disponen de baño, teléfono, terraza, cocina, frigorífico y TV.

Instalaciones: dos piscinas (adultos y niños), zona infantil, gimnasio, sauna, parking y restaurante.

Descuentos: niños menores de tres años, 50% de descuento.

¡Hola! ¿Qué tal?
El tiempo es maravilloso y Palma es una ciudad muy bonita. El apartamento es muy agradable: está en el centro de Palma y al lado de la playa. Estamos en un apartamento muy grande que tiene de todo: televisión, teléfono y ordenador con fax para trabajar. Además, hay una piscina y un gimnasio. También hay una discoteca muy grande con un servicio excelente.

¡Hasta pronto!

Pedro

____

____

____

Resultado: ________ de 10

3 Escucha los diálogos y escribe dónde están los establecimientos y los objetos.

1. La oficina de Correos está ____________________
2. La farmacia está ____________________
3. La fotocopiadora está ____________________
4. Las tijeras están ____________________
5. El Hotel Gallery está ____________________

Resultado: ________ de 10

4 Imagina que quieres vender tu casa. Una agencia inmobiliaria necesita saber cómo es. Descríbela.

Resultado: ________ de 10

Total: ________ de 50

7

Agenda de trabajo

Ejercicios

1. Los días de la semana
2. Costumbres y horarios
3. Vocabulario. Verbos y sustantivos
4. La programación de una cadena de televisión
5. Horarios, días y lugares
6. Preposiciones **a**, **de** y **por**
7. Actividades y frecuencia
8. Verbos irregulares en Presente de Indicativo: **empezar**, **cerrar**, **hacer**, **repetir**, **jugar** y **acostarse**
9. Reconocer las personas gramaticales de los verbos
10. Aconsejar: **tienes que...**
11. **¿A qué hora... ?**
12. Diálogos telefónicos
13. Responder al teléfono. Dar excusas
14. Una conversación telefónica
15. Reaccionar: actividades y frecuencia
16. Actividades cotidianas. **Primero, después, luego, más tarde...**
17. Pronunciación: vocales
18. Contestadores automáticos
19. Un mensaje para el contestador automático
20. Organizar la agenda de la semana

1 Aquí tienes los días de la semana. Escribe las letras que faltan. Después ordénalos.

1. m _ r _ e _
2. j _ e _ e _
3. s _ b _ d _
4. l _ n _ s
5. d _ m _ n _ o
6. m _ é _ c _ l _ s
7. v _ e _ n _ s

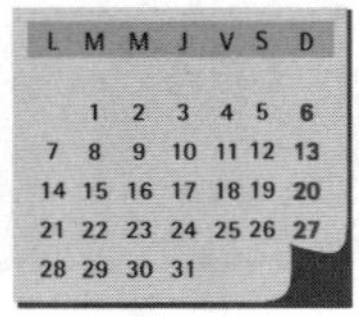

2 Lee este artículo sobre los horarios en España aparecido en la revista "Tópicos". Después, completa el cuadro con los horarios.

Tópicos

Los días son más largos en España

Cada vez hay más personas en Europa que se trasladan a España por motivos laborales. En general, la adaptación al clima y a las comidas no supone una gran dificultad.

Según un estudio reciente, la cuestión que más afecta a los nuevos residentes es la diferencia de horarios entre España y sus países. Comer a mediodía, por ejemplo, no significa comer a las doce sino a las dos. Eso quiere decir, en la mayoría de los casos, una hora o dos de descanso entre la mañana y la tarde. Los españoles, en general, salen del trabajo a las siete de la tarde y cenan a las nueve o a las diez de la noche. Por esa razón, muchos se acuestan tarde, entre las doce y la una, aunque tienen que levantarse entre las siete y las ocho de la mañana.

Cuando llega el fin de semana, casi todo el mundo sale a la calle, especialmente los jóvenes. Las cenas en los restaurantes empiezan a las diez de la noche y se alargan hasta las doce o la una; ése es el mejor momento para tomar las primeras copas en uno de los muchos bares que siempre hay cerca.

Los bares son el mejor lugar para tomarse las primeras copas.

Hacia las dos de la madrugada, los que no quieren irse a dormir optan por acabar la noche en alguna discoteca, donde pueden bailar hasta que cierran las puertas (nunca antes de las cinco o las seis de la mañana).

A la mayoría de los residentes extranjeros les parece que en España todo se hace un poco tarde en comparación con sus países, pero aseguran que no es un problema demasiado grave.

En general, la gente...	en España	en mi país
come	*a las dos*	
cena		
sale de copas		
va a la discoteca		

3 ¿Qué sustantivos corresponden a estos verbos? Puedes usar el diccionario.

1. reunirse	*la reunión*
2. comer	________
3. cenar	________
4. visitar	________
5. trabajar	________
6. llegar	________
7. durar	________

8. salir	________
9. organizar	________
10. promocionar	________
11. vender	________
12. comprar	________
13. entrevistar	________
14. describir	________

4 En parejas. Tu compañero y tú trabajáis en una cadena de televisión. Tenéis preparada la programación de casi todo el día, pero os faltan los programas para la sobremesa y la tarde. Aquí tenéis una lista de posibilidades. Decidid a qué hora se emiten. Tened en cuenta la duración de cada programa.

- Redes (cultural): "El planeta digital" **55 minutos**
- El tiempo **5 minutos**
- Telediario (informativo) **30 minutos**
- Cine de oro (película): "Memorias de África" **135 minutos**
- Calle nueva (telenovela) **35 minutos**
- Música sí (musical) **75 minutos**
- Digan lo que digan (concurso) **40 minutos**
- Los libros (literario) **30 minutos**
- Lassie (serie infantil) **30 minutos**
- Gente (magazine) **60 minutos**
- Mundo animal (documental): "Los felinos" **45 minutos**
- UNED (educativo) **30 minutos**

televisión

Mañana	**6.50**	El pequeño detective (serie)
	7.30	Telediario matinal (informativo)
	8.00	Barrio Sésamo (infantil)
	9.00	Los desayunos de TVE (magazine)
	10.00	Luz María (telenovela)
	11.00	Pasa la vida (programa de entrevistas)
Mediodía	**12.15**	Con mucha marcha (musical)
	13.30	Estudio estadio (deportivo)
	14.30	Cifras y letras (concurso)
Sobremesa	**15.00**	
Tarde	**18.00**	
Noche	**21.00**	Telediario (informativo)
	21.35	El tiempo
	21.40	Especial cine (película): "La niña de tus ojos"
	00.00	Metrópolis (cultural)
Madrugada	**1.15**	Telediario (informativo)
	1.45	Cine de madrugada (película): "Tesis"
	3.15	Sombras de Nueva York (serie)
	4.00	Al filo de lo imposible (documental)
	5.00	Fin de emisión

✧ A las tres podemos poner la serie infantil pero sólo dura 30 minutos...

5 **A.** Mª Ángeles tiene que hacer unas gestiones en la ciudad y llama por teléfono a la Oficina de Atención al Ciudadano. Primero, marca en los recuadros de la izquierda los lugares por los que pregunta.

	DÍAS	HORARIO
☐ Cámara de Comercio		
☐ Oficina de Turismo		
☐ Zoo		
☐ Oficina de Prensa del Ayuntamiento		
☐ Polideportivo Municipal		
☐ Conservatorio Superior de Música		
☐ Cámara de la Propiedad Urbana		
☐ Colegio de Ingenieros		

B. Ahora, vuelve a escuchar y escribe qué días abren los establecimientos y cuál es su horario.

6 **A.** Completa con las preposiciones **a**, **de** o **por**.

1.
✧ ¿Podemos vernos mañana ______ la mañana?
★ Mejor ______ mediodía.
✧ Podemos comer juntos.

2.
✧ Hoy ______ las nueve voy al cine con Paco.
★ Yo voy hoy ______ la tarde.

3.
✧ ¿Qué haces mañana ______ la tarde?
★ Tengo una cita con el abogado.
✧ ¿A qué hora?
★ ______ las seis.

4.
✧ ¿Hoy también sales ______ las siete del trabajo?
★ No, hoy no trabajo ______ la tarde. Tengo la tarde libre.
✧ ¡Qué suerte!

5.
✧ Mañana tengo que levantarme ______ las seis ______ la mañana.
★ Y yo ______ las seis y media...

6.
✧ ¿Nos vemos ______ las nueve?
★ ¿ ______ las nueve ______ la mañana?
✧ No, hombre no, ______ la noche.

B. Ahora completa el cuadro con las preposiciones anteriores.

☐	la tarde la mañana la noche		
☐	las 10 las 10 y media las 10 menos cuarto	☐	la mañana la noche
☐	mediodía		

7 **A.** En parejas. Elegid a uno de estos personajes. Imaginad qué hace los domingos, desde que se levanta hasta que se acuesta, y escribidlo. Leed vuestras notas en voz alta. Vuestros compañeros tienen que intentar descubrir quién es.

José Gómez

Lee

Raúl Iglesias

Sra. Llanos

Marta

Antonio Gutiérrez

B. Ahora coméntale a tu compañero qué haces tú los domingos.

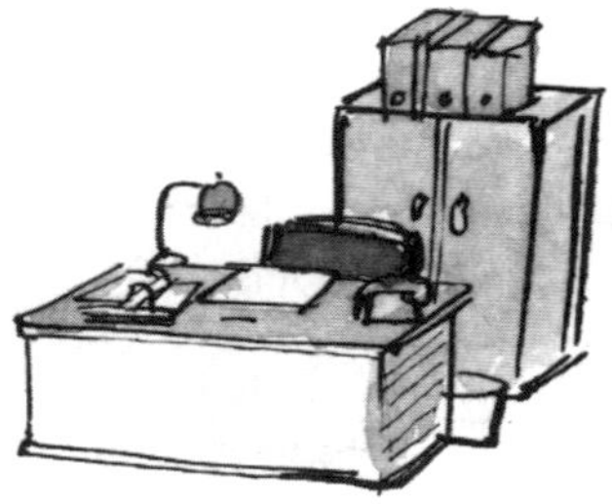

8 **A.** Completa este cuadro con las formas que faltan.

	empezar	hacer	repetir	jugar	cerrar	acostarse
yo			*repito*			*me acuesto*
tú	*empiezas*			*juegas*		
él, ella, usted		*hace*			*cierra*	
nosotros/as				*jugamos*		*nos acostamos*
vosotros/as		*hacéis*			*cerráis*	
ellos/as, ustedes	*empiezan*		*repiten*			

B. ¿Qué tipo de irregularidad tienen los verbos del apartado A?

E / IE	U / UE	O / UE	E / I	1ª persona del singular
empezar				

C. Ahora pon estos infinitivos en la columna que les corresponda.

salir dar saber decir venir querer
dormir pedir sentir poder poner volver

9 Escucha los verbos y marca a qué persona corresponden.

	1	2	3	4	5	6	7	8	9	10
yo										
tú										
él, ella, usted										
nosotros/as										
vosotros/as										
ellos/as, ustedes										

10 A. ¿Con cuáles de estas afirmaciones te identificas tú?

Quiero aprender español en poco tiempo.

Siempre llego tarde al trabajo.

Hago poco ejercicio.

A veces me llevo el trabajo a casa.

Normalmente duermo pocas horas.

Nunca me acuerdo de los nombres de las personas que me presentan.

Veo mucho la televisión.

Cuando hablo en público me pongo muy nervioso/a.

B. Cuéntaselo a tu compañero. Él te puede dar consejos.

✧ Quiero aprender español en poco tiempo.
★ Tienes que estudiar más en casa, leer periódicos en español...

11 A. Pregunta a tres compañeros a qué hora realizan las actividades del cuadro entre semana y los fines de semana.

NOMBRES	Levantarse		Comer		Cenar		Acostarse	
	entre semana	los fines de semana	entre semana	los fines de semana	entre semana	los fines de semana	entre semana	los fines de semana

✧ ¿A qué hora te levantas entre semana?
★ A las ocho menos cuarto.
✧ ¿Y los fines de semana?

B. Comenta con la clase con quién coincides más.

12 **A.** Ordena los diálogos.

①
- ¿De parte de quién?
- Buenos días, ¿dígame?
- Un momentito...
- Buenos días. Por favor, ¿el señor Olmos?
- De María de la Torre.

②
- Sí, por favor. Dígale que ha llamado Joaquín Pérez del Hotel Habana.
- Buenas tardes. ¿Pueblo hablar con Marta Robles?
- Editorial Cosmos, ¿dígame?
- Pues mire, en este momento está reunida. ¿Quiere dejarle algún recado?
- Muy bien, se lo diré.

③
- Hola, ¿está Carmen?
- ¿Sí?
- Sí, soy yo.
- Hola, soy Jaime. ¿Qué tal?

④
- Hola, ¿está Agustín?
- ¿Diga?
- No, en este momento no está. ¿Quieres dejarle algún recado?
- Sí, dile que ha llamado Adelaida.
- Gracias.
- Muy bien, se lo digo.

B. Ahora escucha y comprueba.

13 Trabajas en la recepción de una empresa. Recibes varias llamadas de personas que preguntan por tu jefe, el señor Ojeda. Tu jefe te ha dicho que hoy no quiere que le molesten. ¿Qué posibles excusas puedes dar a la gente que llama? Escríbelas.

1. ______________________________
2. ______________________________
3. ______________________________
4. ______________________________

14 Completa el diálogo con las palabras que faltan.

✧ Seguros Bertrán. ¿ ______________ ?
★ ¿La señora Gómez, ______________ ?
✧ Un momento. ¿De ______________ de quién?
★ De Pablo Arias.
✧ Ahora mismo le pongo con ella, señor Arias.
★ ____________ .
❍ Hola Pablo. ¿Qué tal? ¿Cómo estás?
★ Bien, bien. ¿Y tú?
❍ Bien también.
★ Oye, mira, que te llamo porque _________ hablar contigo de lo de mi seguro.
❍ Ah sí, claro. ¿Quieres pasarte por aquí?
★ Bueno. ¿Qué tal __________ por la tarde?
❍ ¿A las cinco?
★ ¿No podemos quedar a las seis? A las cinco no puedo.
❍ De acuerdo. Entonces ___________ a las seis aquí, en mi despacho.
★ Perfecto. Hasta mañana entonces.
❍ __________ . Hasta mañana.

mañana
Dígame
Gracias
quería
por favor
quedamos
Adiós
parte

15 Escucha y responde.

1.	
2.	
3.	
4.	
5.	
6.	
7.	
8.	

16 **A.** Relaciona las acciones con los dibujos.

- ☐ ducharse
- ☐ lavarse los dientes
- ☐ desayunar
- ☐ vestirse
- ☐ peinarse
- ☐ ir al lavabo
- ☐ planchar la ropa
- ☐ hacer la cama
- ☐ afeitarse
- ☐ maquillarse
- ☐ leer el periódico
- ☐ secarse el pelo

1

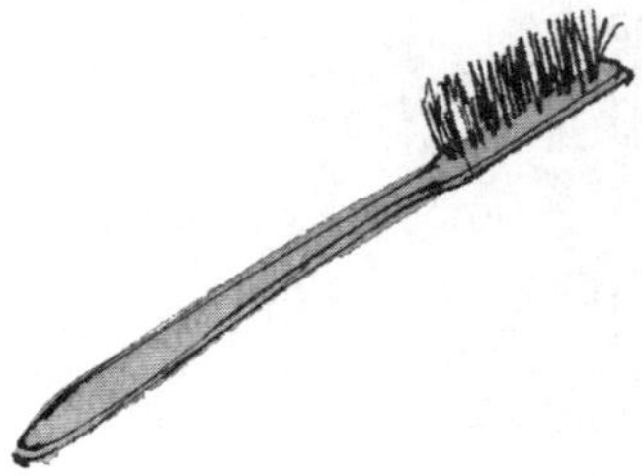

2

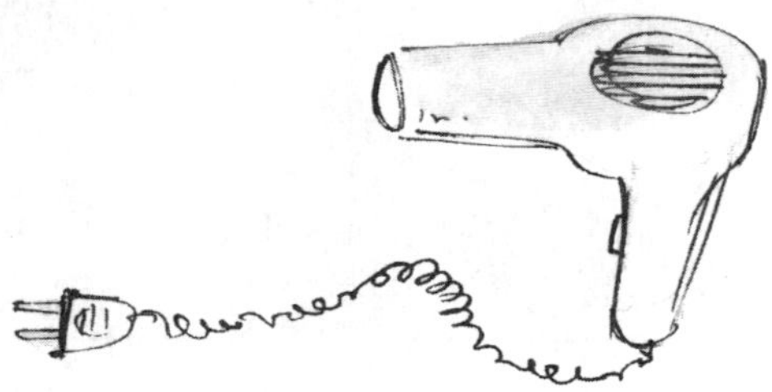

3

4

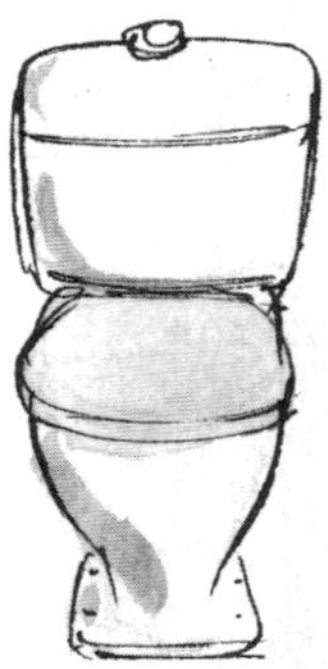

5

6

7

8

9

10

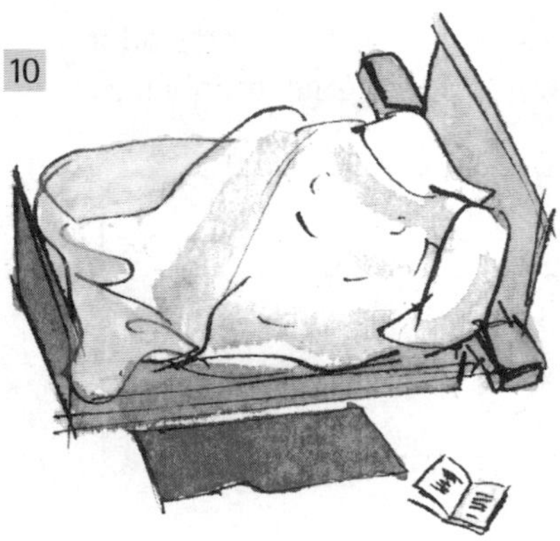

11

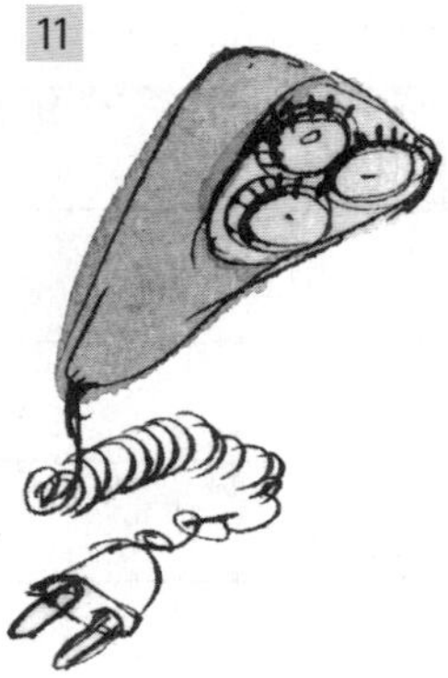

12

B. Marca con una cruz lo que haces tú por la mañana, antes de salir de casa.

C. Ahora escribe en qué orden haces estas y otras actividades antes de salir de casa por la mañana.

Yo, primero desayuno, después me ducho...

17 **A.** Lee estas palabras en voz alta.

Quito	**pipa**	**Kiko**	**copa**	**Pepa**	**tapa**
poca	**taco**	**ocupa**	**gato**	**pato**	**toca**

B. Ahora escucha y repite. Fíjate en que las vocales españolas no se alargan como en otras lenguas y tienen un único sonido.

18 Vas a escuchar los mensajes de tres contestadores. ¿De quién crees que son? Escribe el número que corresponda.

☐ de una familia ☐ de una empresa ☐ de un estudiante

19 Trabajas en una pequeña empresa. El mensaje de vuestro contestador automático se ha borrado. Antes de grabar un nuevo mensaje, escríbelo.

____

____

____

____

____

____

20 **A.** Haz una lista con todo lo que tienes que hacer esta semana. Después, organiza tu agenda.

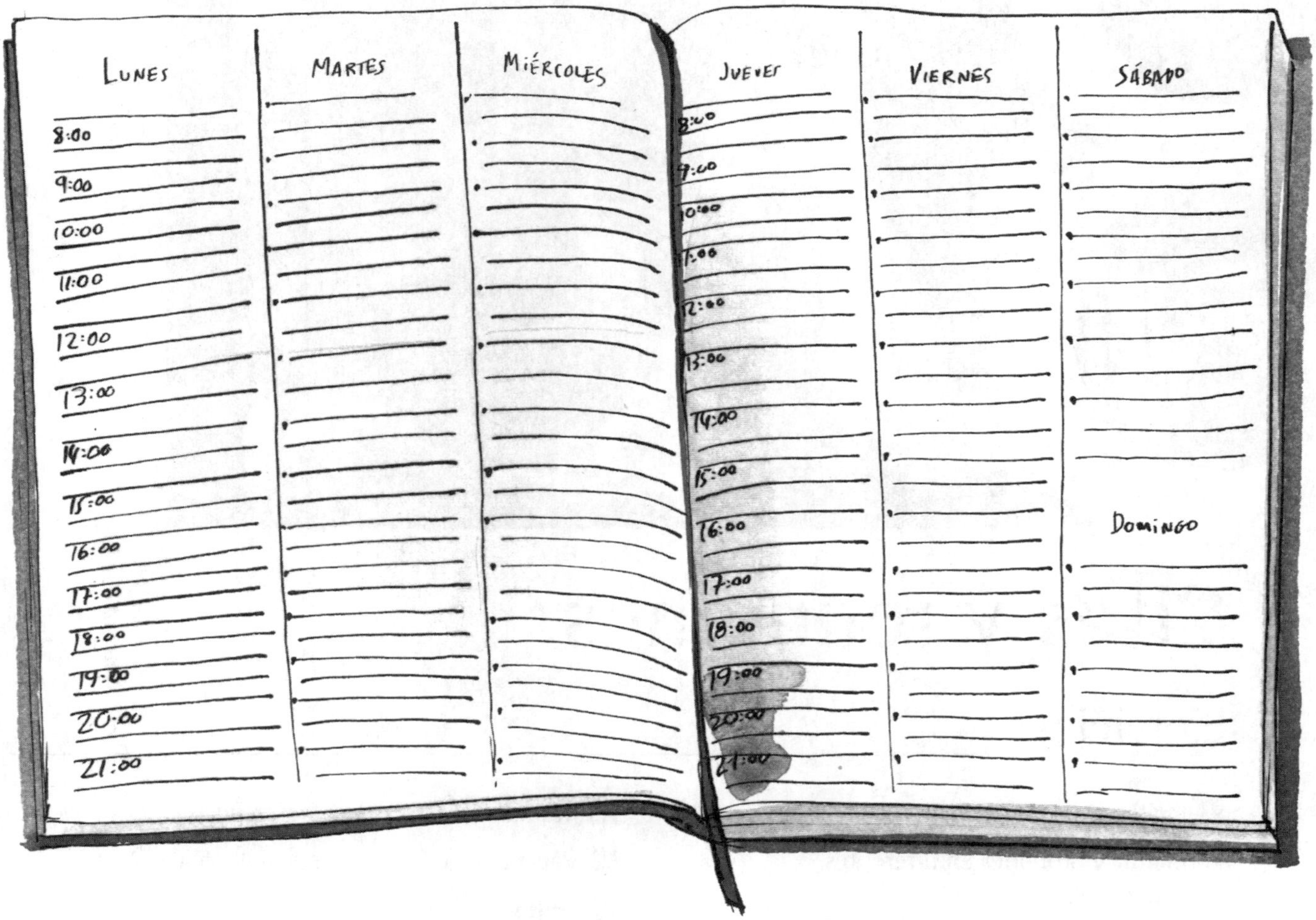

B. Esta semana también tienes que hacer estas cosas con tu compañero. Ponte de acuerdo con él para hacerlas juntos.

- visitar a vuestro distribuidor
- ver un local que queréis alquilar
- cenar con el señor Montoro, un cliente
- hablar con el jefe
- preparar el informe mensual
- reuniros con el departamento

✧ Tenemos que visitar a nuestro distribuidor. Yo puedo el martes por la mañana. ¿Tú cuándo puedes?
★ Por la mañana no puedo. ¿Qué tal por la tarde?
✧ Muy bien. Entonces quedamos el martes por la tarde. ¿A qué hora?

Citas y reuniones

Ejercicios

1 Invitar y proponer. Aceptar y rechazar

2 Invitar y proponer en diferentes situaciones

3 La comida mexicana

4 Elegir un restaurante de Ciudad de México

5 Decidir qué es lo más importante en la primera cita con un cliente

6 Gustos y preferencias en el trabajo

7 **Gustar, encantar, muchísimo/mucho/bastante/nada**

8 **A mí sí/no/también/tampoco**

9 Anuncios personales. Escribir un anuncio

10 **Me/te/le/nos/os/les, gusta/gustan**

11 Describir los gustos de una persona

12 Restaurantes. Gustos y preferencias

13 Vocabulario. Términos equivalentes

14 **Le/les**

15 Pronombres de Objeto Indirecto: **me, te, le, nos, os, les**

16 Información personal

17 Ingredientes: **llevar**

18 Elegir un menú

19 Contraste: **E/I, F/P, R/L, D/T** y **B/P**

20 Reaccionar: gustos, preferencias, invitaciones y sugerencias

21 Vocabulario: bebidas, verdura, fruta, carne y pescado

22 Preparar una sorpresa para una cena

1 Completa los diálogos. Utiliza las palabras del recuadro.

gracias	Por qué	puedo	acuerdo	es que	si
Tomamos	perfecto	apetece	le	Lo siento	

1. ✧ ¿Te ______ tomar algo?
   ★ De ______.
2. ✧ ¿ ______ no vamos al cine mañana?
   ★ Lo siento, ______ mañana no puedo.
3. ✧ ¿Y ______ cenamos en mi casa?
   ★ Vale, ______.
4. ✧ ¿Sra. Prieto, ______ apetece un poco de agua?
   ★ No, ______.
5. ✧ ¿Comemos juntos y hablamos?
   ★ ______, es que tengo mucho trabajo.
6. ✧ ¿ ______ un café?
   ★ Ahora no ______.

2 ¿Qué dices en estas situaciones?

1. El Sr. Moragas, un cliente, llega a tu oficina. Ofrécele algo para beber.

2. Es la hora de comer. Quieres comer con Marta, una compañera de trabajo.

3. Tus compañeros quieren ir a cenar a un restaurante, pero no saben a cuál. A ti te gusta mucho "Casa Pedro". Propónselo.

4. Quieres invitar a tus compañeros de trabajo para celebrar tu cumpleaños.

5. Es viernes por la tarde. Estás en la oficina con dos compañeros. Proponles ir al cine contigo.

3 **A.** ¿Te gusta la comida mexicana? ¿Crees que las siguientes afirmaciones son verdaderas? Si no lo sabes, intenta adivinarlo.

	Verdadero	Falso
1. En México hay 60 variedades de chile.		
2. La tortilla española es de origen azteca.		
3. En México es típico comer pollo acompañado de una salsa que lleva chocolate.		
4. El guacamole es un puré de maíz.		
5. En México existe un plato que lleva saltamontes.		
6. Casi todos los platos llevan frijoles.		

B. Ahora lee el texto y comprueba tus respuestas.

Gastronomía MEXICANA

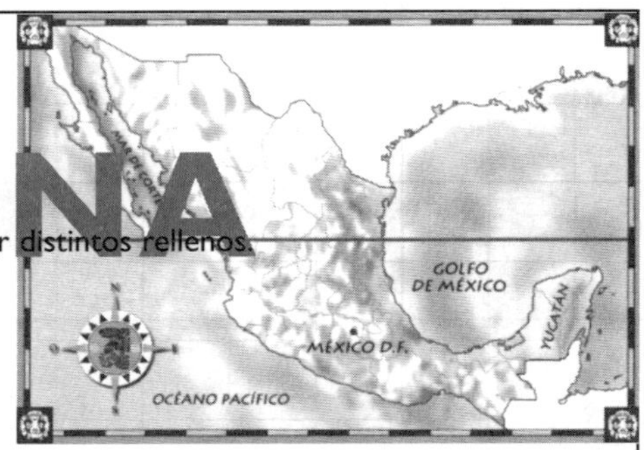

La comida mexicana es conocida en todo el mundo. Su enorme variedad de platos se debe a las numerosas especias del país. Hay 60 clases distintas de chiles, desde los más dulces hasta los más picantes.

MÉXICO

El maíz es el ingrediente básico. Se come frecuentemente en forma de "tortilla", creación azteca que nada tiene que ver con la tortilla española. Se trata de una masa delgada y flexible, hecha de harina de maíz que sirve de base para muchos ingredientes. En general se toma con carne, queso y frijoles (que están presentes en casi todas las comidas); es lo que se conoce como "burrito". Si la masa es crujiente se llama "taco". Las "enchiladas" son tortillas mojadas en salsa, rellenas y luego fritas; las "tostadas", tortillas con vegetales, carne y queso y los "tamales" son tortillas que se envuelven con la propia hoja del maíz y que pueden tener distintos rellenos.

En México se preparan muchos platos con carne, especialmente de cerdo. El pollo se prepara de muchas maneras, pero una de las más famosas es el pollo con "mole", una salsa que lleva más de 30 ingredientes, entre ellos, pimiento y chocolate; en el país hay más de 20 variedades de mole.

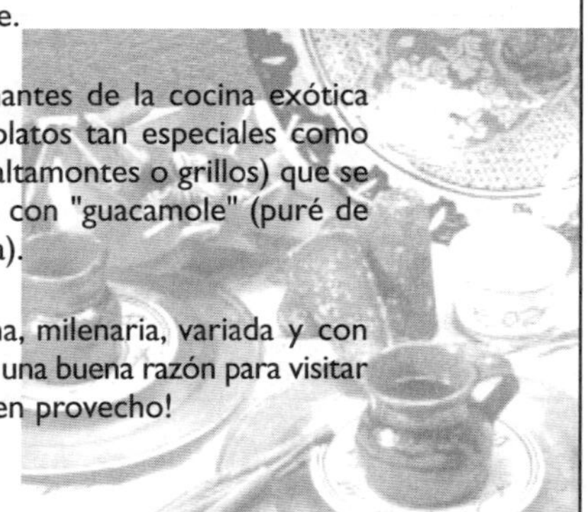

En México, los amantes de la cocina exótica pueden saborear platos tan especiales como los "chalupines" (saltamontes o grillos) que se comen en tortillas con "guacamole" (puré de aguacates y cebolla).

La cocina mexicana, milenaria, variada y con carácter propio, es una buena razón para visitar este gran país. ¡Buen provecho!

4 **A.** En la sección de gastronomía de una guía turística de Ciudad de México aparecen estos restaurantes. Marca el recuadro con **X** si encuentras la información y con **?** si no la encuentras.

	COMIDA	DECORACIÓN		PRECIO		MÚSICA
	Comida corrida (Buffet libre)	Moderna	Clásica	- de 6.000 pesos	+ de 6.000 pesos	Música en directo
Restaurante Danubio	X		X		X	?
Villa Fontana						
Casa Zavala						
Jampel						
Fonda Santa Anita						
Restaurante Jena						

Restaurante Danubio, Uruguay, 3 (tel. 512 09 12). Una antigua marisquería muy refinada que conserva el ambiente de otros tiempos. El pescado está expuesto en la entrada. Es especialmente interesante la comida corrida. Precio aproximado 7.000 pesos (13-23h).

Villa Fontana, "La casa de la Malinche", República de Cuba, 79 (tel. 521 2934). Antigua residencia de La Malinche, intérprete y amante de Hernán Cortés. La cocina mexicana "a la antigua" en un marco elegante y tradicional. Un lujo colonial. Plato principal: 6.000 - 8.000 pesos. Música en directo (lun.-sáb. 11-20h, dom. 10-18h).

Casa Zavala, Uruguay, 44 B (tel. 510 43 96). Limpio, claro y moderno. Especialidad en marisco; precios normales. Una comida apetitosa y abundante: 5.000 pesos (7.30-21h).

Jampel, Bolívar, 8 (tel. 521 75 71). Muy limpio; decoración moderna. Buffet libre. Comida sabrosa y abundante. A veces resulta difícil mantener una conversación cuando se acercan los mariachis a la mesa. Precios a partir de 7.000 pesos (lun.-sab. 7.30-23h, dom. 13-18h).

Fonda Santa Anita, Humboldt, 48 (tel. 518 46 09). Un restaurante pintoresco y muy atractivo especializado en cocina mexicana. Los cubiertos de mesa hechos a mano, los clásicos cuadros de frutas y puestos de mercado son los elementos que definen el ambiente de este conocido restaurante. Variada y apetitosa comida corrida. (7.000 pesos). Los platos de este establecimiento han representado a México en numerosas ferias (11-22h).

Restaurante Jena, Jesús Terán, 12 (tel. 566 02 77). Forma parte de un elegante hotel. Paredes de madera, persianas de color rojo, bar (sangría 3.000 pesos). Moderno e impecable. Pasta y comida mexicana al razonable precio de 6.000 - 7.000 pesos. (7-24h).

B. ¿Cuál elegirías tú? ¿Por qué?

5 En la primera cita con un cliente, ¿cuáles son para ti los tres aspectos más importantes? Coméntalo con tu compañero.

✧ Para mí, las tres cosas más importantes son...

Ir bien vestido.
Tener la reunión bien preparada.
Ser muy simpático.
Mirar directamente a los ojos.
Estar tranquilo.
Elegir un lugar agradable para el encuentro.
Ser puntual.

1. ____________________
2. ____________________
3. ____________________

6 Después de hacer el ejercicio 4 de la página 90 del *Libro del alumno*, completa el siguiente texto sobre cómo te gusta trabajar.

11:51 93 4155332 PAG:01

Me gusta trabajar en ____________________ y prefiero hacerlo ____________________. En cuanto al ritmo de trabajo, me gusta más ____________________. Las reuniones, me gusta tenerlas a ____________________ ____________________. Cuando estoy trabajando en un proyecto, prefiero ____________________. Y finalmente, si tengo que dedicarle más tiempo de lo previsto, ____________________.

7 En tus clases de español seguro que hay algunas actividades que te gustan y otras que no. Escribe frases usando elementos de las cajas como en el ejemplo.

Me gusta mucho usar el diccionario.

(no)	me	gusta gustan encanta encantan	Ø muchísimo mucho bastante nada	...

8 ¿Compartes los gustos de esta persona?

1. Me gusta trabajar sola.
____
2. No me gustan las reuniones de trabajo.
____
3. Me encanta hablar por teléfono.
____
4. Me gusta levantarme temprano.
____
5. No me gusta el café.
____
6. Me gusta navegar por Internet.
____
7. No me gusta escribir cartas.
____
8. Me gusta mucho viajar.
____

9 **A.** Estas personas quieren relacionarse con gente de otros países. ¿En qué coincides con ellos? Subráyalo.

Ref. 324. Me llamo Pablo y tengo 28 años. Vivo en Córdoba (Argentina). Soy director de marketing en una empresa alemana. Hablo inglés y alemán. Me gustan mucho los coches y el deporte. Me encanta cocinar, mi especialidad es la cocina asiática. Si tus gustos son parecidos a los míos, escríbeme.

Ref. 278. ¡Hola! Me llamo Laura y vivo en Ibiza. Trabajo como monitora en un gimnasio. Me gusta mucho bailar, me encanta la música (colecciono discos de vinilo de los años sesenta). También me gusta mucho pasear por la playa y tomar el sol. Tengo 25 años, pero quiero conocer gente de todas las edades.

Ref. 498. Me llamo Daniel y soy cubano. Tengo 22 años. Vivo en La Habana y estudio Medicina. Por el momento sólo hablo español pero estoy estudiando inglés. Me gustaría ser amigo de gente de todo el mundo. Dicen que soy muy divertido. Me gusta mucho el cine, la música y la naturaleza. Me encanta hablar y reír. Si quieres conocerme, escríbeme.

B. ¿A cuál de los tres elegirías como posible amigo? ¿Por qué? Coméntalo con tu compañero.

✧ Yo elegiría a... porque...

C. Ahora escribe tu propio anuncio.

10 Relaciona las dos columnas.

1. A mis compañeros de trabajo	no te gusta nada levantarte temprano, ¿no?
2. A ti	nos encanta el marisco.
3. A vosotros	les gusta celebrar los cumpleaños.
4. A Pedro y a mí	le gustan las antigüedades.
5. A mí	os gustan mucho los deportes, ¿verdad?
6. A mi cliente	no me gusta la ópera.

11 Describe los gustos de Ramón.

A Ramón le gusta...
Probablemente no le gusta...

12 Juan y Merche quieren salir a cenar. Escucha la conversación. ¿A quién corresponden las frases?

	Juan	Merche
le gusta el pescado		
es alérgico/a al pescado		
prefiere un restaurante sencillo		
no le gustan demasiado los restaurantes vegetarianos		
prefiere un restaurante exótico		
no le gusta mucho la carne		

13 Las palabras de la columna de la izquierda aparecen en el texto de la página 92 del *Libro del alumno*. Localízalas y decide cuáles son sus equivalentes.

1. afueras	aseguran
2. amplios	abierto
3. dispone de	tiene
4. numerosas	cerca de
5. puesto en marcha	muchas
6. garantizan	acondicionado
7. rehabilitado	alrededores
8. próximo a	grandes

14 Luisa envía un correo electrónico a Silvia, una compañera de trabajo. Al texto le faltan los pronombres **le** o **les**. Complétalo.

¡Hola Silvia!

Como sabes, pasado mañana es el cumpleaños de Joaquín y de Mónica y no sabemos qué regalar____. Unos dicen que a Joaquín podemos comprar___ una corbata y otros prefieren regalar___ una pluma... no sabemos qué hacer. A Mónica yo creo que ____ podemos comprar unos pendientes, pero a Carmen y a Pedro no___ gusta la idea. ¿Y si ____ regalamos una agenda a cada uno? No es muy original, ¿verdad? ¿Tú qué crees? ¿Tienes alguna sugerencia? Hoy tengo que salir antes de la oficina, pero Carmen y Pedro terminan a las siete, ¿puedes hablar con ellos y dar____ tu opinión?

Un abrazo

Luisa

15 **A.** Forma frases uniendo elementos de las dos columnas.

1. A mí	nunca te escriben.
2. A ti	les compramos un regalo.
3. A usted	siempre me dan los trabajos más difíciles.
4. A Ana y a mí	le tenemos que enviar un catálogo.
5. A vosotros	no nos sirven la comida.
6. A Nuria y a David	siempre os ofrecen un descuento.

B. Completa el cuadro con los pronombres de Objeto Indirecto.

a mí	a ti	a él a ella a usted	a nosotros a nosotras	a vosotros a vosotras	a ellos a ellas a ustedes

16 Fíjate en las fichas de Russel y Judith de la página 94 del *Libro del alumno*. Completa ahora la ficha con tus datos.

INFORMACIÓN PARA LA FAMILIA HOSPEDANTE

DATOS PERSONALES:

Apellido(s):

Nombre:

Nacionalidad:

Edad:

Lenguas que habla:

ALIMENTACIÓN:

¿Sigue algún régimen o dieta?

¿Tiene alergia a algún alimento?

¿Hay alguna comida que no le gusta?

Otros:

17 **A.** Relaciona las descripciones de estos platos que se comen en España con las fotos.

1. ______________________________

2. ______________________________

3. ______________________________

4. ______________________________

Flan: lleva huevo, caramelo, leche y azúcar. Es un postre muy típico. A veces se come con nata.
Paella: lleva arroz, pescado, marisco, pimiento, guisantes, cebolla, aceite y sal. Normalmente se come de primer plato.
Tortilla: lleva huevos, aceite, cebolla y patatas. Se puede comer a todas horas, fría o caliente.
Gazpacho: lleva tomate, pepino, cebolla, pan, aceite, vinagre y sal. Es una sopa fría que se toma en verano.

B. Piensa en cuáles son los platos más típicos de tu país y explica qué ingredientes llevan.

18 Lee este menú. ¿Qué elegirías tú?

RESTAURANTE "LAS PALOMAS"

Menú del día

Primer plato:

Ensalada variada
Paella
Lasaña de espinacas
Gazpacho
Sopa de pescado

Segundo plato:

Calamares a la romana
Merluza al horno
Chuletas de cordero
Pollo al ajillo

Postre:

Melón
Pastel de manzana
Flan
Helado
Yogur

Pan, vino, cerveza o agua

De primero, ______________________

De segundo, ______________________

Para beber, ______________________

De postre, ______________________

19 Escucha y marca las palabras que oyes.

☐ peso	☐ piso	☐ poca	☐ boca
☐ fino	☐ pino	☐ harto	☐ alto
☐ pila	☐ fila	☐ mesa	☐ misa
☐ perro	☐ pelo	☐ boda	☐ bota
☐ modo	☐ moto	☐ bala	☐ pala

20 Reacciona.

1. ______	5. ______
2. ______	6. ______
3. ______	7. ______
4. ______	8. ______

21 Imagina que tienes que viajar a un país de habla hispana. ¿Qué cosas de beber y de comer crees que necesitas saber decir en español? Busca las palabras en el diccionario o pregunta a tu profesor. Después escríbelas.

Bebidas	Verdura	Fruta	Carne	Pescado

22 **A.** Tú y tus compañeros sois los responsables de organizar una cena para celebrar la adjudicación de un gran proyecto. Tenéis el restaurante reservado pero además queréis preparar algo especial para esa noche. Puede ser una sorpresa para todos. Haz una lista con tus propuestas.

B. En grupos de tres elegid la mejor propuesta.

✧ Podemos contratar una orquesta.
★ ¿Una orquesta? ¿Y si contratamos a un mago?

Productos y proyectos

Ejercicios

1 Anuncios. Imperativo
2 Pronunciación: extranjerismos
3 El Gerundio
4 **Estar** + Gerundio
5 Descubrir quién es. **Estar** + Gerundio
6 Estaciones del año, meses y días de la semana
7 Marcadores temporales
8 **Ir a** + Infinitivo
9 Colores
10 Objetos. **Sirve para...**
11 Materiales: **de cristal, de madera, de metal** y **de plástico**
12 Vocabulario. Avances tecnológicos
13 Comparar: **más/menos... que, tan... como, el mismo, el más...**
14 Comparar tres coches
15 **Tan, tanto/a/os/as... como**
16 Valorar. **Lo más necesario/interesante/difícil/divertido...**
17 **Seguro que, me imagino que, a lo mejor**
18 Expresar probabilidad. **Ir a** + Infinitivo
19 Una noticia. El Pronombre de Objeto Directo
20 **Lo/la/los/las**
21 Describir cosas. Pronombres de Objeto Directo
22 Un correo electrónico

1 **A.** A estas imágenes publicitarias les falta el texto. ¿Qué frase les corresponde?

1. Disfruta de los tragos amargos.
2. Visita nuestra isla, es un paraíso.
3. Regale el objeto con el que escribe el alma.
4. Aprenda con sus hijos con el nuevo sistema interactivo.
5. Compra un Scenic, luego decide qué coche quieres.

☐

☐

☐

☐

☐

B. Subraya los verbos de las frases anteriores y colócalos en el cuadro. Después, completa el cuadro con los verbos que faltan.

	IMPERATIVO	
	tú	usted
disfrutar	*disfruta*	
visitar		
regalar		
aprender		
comprar		
decidir		

C. Escribe un texto publicitario o un eslogan para estas tres imágenes. Puedes utilizar los verbos anteriores.

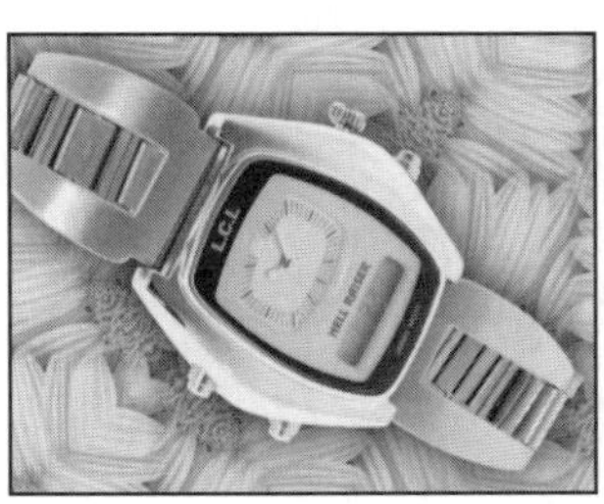

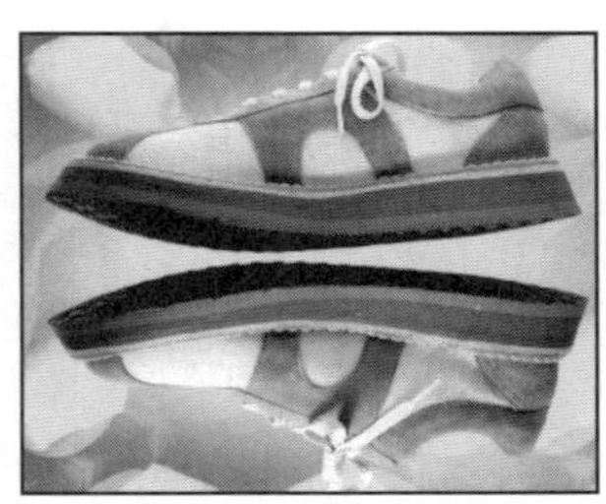

2 Escucha cómo se pronuncian estas palabras en español. ¿Se pronuncian igual en tu lengua?

paté	catering	dossier	holding	stand
chárter	flash	jersey	master	boutique
bit	chef	barman	frac	marketing
chic	leasing	kilo	windsurf	jazz
bungalow	cómic	hobby	jet-set	parking

3 **A.** Escribe el infinitivo correspondiente al lado de los gerundios.

diseñando	*diseñar*
produciendo	___________
haciendo	___________
viviendo	___________
diciendo	___________
viendo	___________
vendiendo	___________

preparando	___________
invirtiendo	___________
durmiendo	___________
oyendo	___________
abriendo	___________
leyendo	___________
trabajando	___________

B. Ahora pon los gerundios anteriores en la columna correspondiente. Hay cinco irregulares. ¿Sabes ahora cómo se forma el gerundio?

-AR	-ER	-IR	IRREGULARES
diseñando			

4 ¿Qué están haciendo estas personas? Escríbelo.

1. *Está buscando trabajo*

2. ____________________

3. ____________________

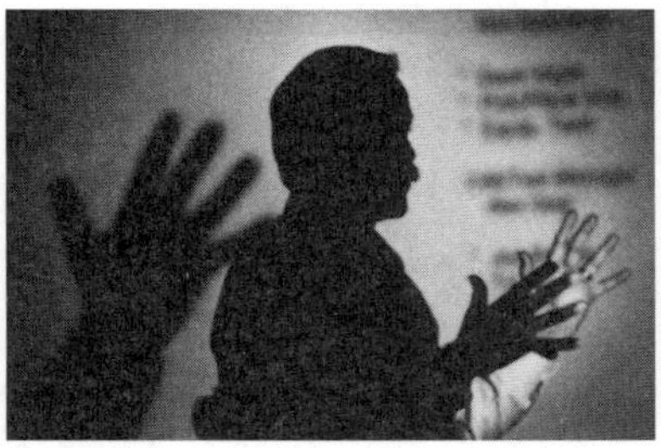

4. ____________________

5. ____________________

6. ____________________

5 Observa el dibujo. Elige uno de los personajes. Tu compañero tiene que hacerte preguntas para descubrir quién es.

✧ ¿Está abriendo la puerta?
★ No.
✧ ¿Está...?

6 **A.** Completa las listas.

Estaciones del año
primavera

Meses del año	
enero	

Días de la semana
lunes

B. Responde a las preguntas.

1. ¿Cuál es el día de la semana que más te gusta? ________________ ¿Y el que menos? ______________________
2. ¿Cuál es el peor mes del año para tu trabajo o para tus estudios? _______________ ¿Y el mejor? _____________
3. ¿Cuál es tu estación del año preferida? __________________________ ¿Por qué? ________________________

7 Ordena cronológicamente las siguientes palabras.

pasado mañana · esta noche · en el 2012 · el próximo año · el mes que viene
mañana · dentro de tres días · la semana que viene · en verano · en diciembre

hoy

8 **A.** ¿Qué crees que vas a hacer? Escribe frases.

Mañana ______________________
Después de clase ______________________
El día de tu cumpleaños ______________________
En Nochevieja ______________________
Este fin de semana ______________________
Esta noche ______________________
En verano ______________________

B. Ahora pregunta a tu compañero qué va a hacer él.

✧ ¿Qué vas a hacer mañana?
★ Voy a ir al cine con unos amigos.

9 **A.** ¿Qué objetos o lugares te sugieren estos colores? Escribe una palabra al lado de cada uno.

1. azul		5. negro	
2. rojo		6. verde	
3. blanco		7. gris	
4. amarillo		8. marrón	

B. ¿Cuál es tu color favorito? Escribe palabras que te sugieran ese color.

Color:

C. Lee tu lista a tu compañero. Tiene que descubrir cuál es tu color favorito.

✧ El mar, el cielo, el agua...
★ ¿Tu color favorito es el azul?
✧ Sí.

10 **A.** ¿Dónde puedes comprar estos objetos, en una ferretería o en una droguería?

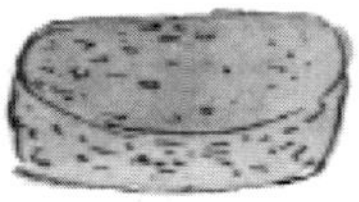
una esponja

un interruptor

jabón

una bombilla

un limpiacristales

un cepillo de dientes

bolsas de basura

un cuchillo

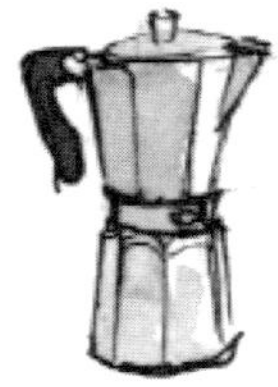
una cafetera

un enchufe

En una ferretería	En una droguería

B. Elige cuatro y explica para qué sirven.

11 Escribe en la caja correspondiente objetos de cristal, de madera, de metal y de plástico. Puedes usar el diccionario.

Es de cristal	Es de madera	Es de metal	Es de plástico
un vaso			

12 **A.** ¿Podrías trabajar sin correo electrónico? ¿Y sin ordenador? Haz una lista con los avances tecnológicos más importantes del siglo XX.

B. ¿Cuál crees que va a ser el próximo gran invento? Imagínatelo y descríbeselo a tus compañeros.

✧ El próximo gran invento va a ser...

13 Completa las frases con tus opiniones.

1. Para mí, vivir en la ciudad es ____________ vivir en el campo.
2. En septiembre trabajo o estudio ____________ horas ____________ en octubre.
3. Jugar al tenis es ____________ divertido ____________ nadar.
4. Para mí, es ____________ comer fuera de casa ____________ en casa.
5. En invierno como ____________ dulces ____________ en verano.
6. Creo que leer el periódico es ____________ interesante ____________ ver la televisión.
7. Los domingos duermo ____________ horas ____________ los lunes.
8. Este año estoy estudiando ____________ el año pasado.

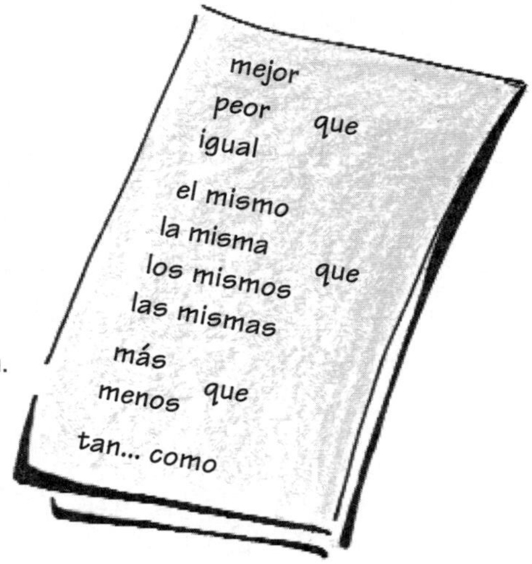

14 Escribe 8 frases comparando estos tres modelos de coche.

<u>MITSUBISHI SPACE WAGON 2000</u>

Precio: 19.340 euros
Potencia: 133 cv
Largo: 451 cm
Ancho: 169 cm
Alto: 158 cm
Consumo medio: de 7,1 a 10,7 litros
Velocidad máxima: 185 km/h
Plazas: 7

<u>RENAULT LAGUNA 2 RXE</u>

Precio: 19.200 euros
Potencia: 115 cv
Largo: 451 cm
Ancho: 175 cm
Alto: 143 cm
Consumo medio: de 6,9 a 12,4 litros
Velocidad máxima: 200 km/h
Plazas: 5

<u>SEAT TOLEDO 1.6</u>

Precio: 13.450 euros
Potencia: 100 cv
Largo: 432 cm
Ancho: 166 cm
Alto: 142 cm
Consumo medio: de 6,1 a 10, 8 litros
Velocidad máxima: 185 km/h
Plazas: 5

1. *El Seat Toledo consume menos que el Renault Laguna.*
2. ____________________
3. ____________________
4. ____________________
5. ____________________
6. ____________________
7. ____________________
8. ____________________

15 **A.** Lee estas frases y después completa el texto.

1. En verano no viajo **tanto como** en invierno.
2. El otoño es **tan** agradable **como** la primavera.
3. Ahora no tenemos **tantos** clientes **como** antes.
4. Nuestra empresa tiene **tantas** sucursales en Europa **como** en América.
5. Mi coche consume **tanta** gasolina **como** el tuyo.
6. Este año vamos a invertir **tanto** dinero **como** el año pasado.

En las comparaciones de igualdad podemos utilizar diferentes estructuras:

___*tan*___ + adjetivo + **como**

________ + **como**

________ / ________ / ________ / ________ + sustantivo + **como**

B. Ahora escribe tres frases sobre ti utilizando las estructuras anteriores.

1.	
2.	
3.	

16 Acaba las frases. Si lo necesitas, puedes utilizar el diccionario.

1. Para mí, lo más necesario en una casa...
2. Para mí, lo más interesante en una ciudad...
3. Para mí, lo más difícil en un trabajo...
4. Para mí, lo más divertido en unas vacaciones...
5. Para mí, lo más aburrido en una clase...
6. Para mí, lo más necesario en una empresa...
7. Para mí, lo más interesante en una persona...
8. Para mí, lo más importante en una fiesta...

17 Carolina está buscando a Elena. Pregunta por ella a diferentes personas en la empresa. ¿Qué responden? Marca las respuestas.

1. Juanjo le dice:

☐ Seguro que está ayudando a la recepcionista con el nuevo programa de cálculo.
☐ Seguro que está discutiendo con la recepcionista.
☐ Seguro que está con la recepcionista organizando la próxima feria de Valencia.

2. La recepcionista le dice:

☐ A lo mejor está en la sala de juntas hablando con la señora Fernández.
☐ A lo mejor está en el hospital visitando a la señora Fernández.
☐ A lo mejor está tomando un café en el bar con la señora Fernández.

3. La señora Fernández le dice:

☐ Me imagino que está en la recepción despidiendo al señor Ruiz.
☐ Me imagino que está comiendo con el señor Ruiz.
☐ Me imagino que está presentándole el proyecto al señor Ruiz.

18 ¿Qué están haciendo estas personas? ¿Qué crees que van a hacer? Haz hipótesis utilizando **seguro que, me imagino que** o **a lo mejor.**

1. ***Están cenando. Me imagino que van a pedir más vino.***

2.

3.

4.

5.

6.

19 **A.** Lee esta noticia de la revista "Novedades empresariales" en la que la empresa Golosinas presenta el nuevo producto **Chicletón**. Esta palabra sólo aparece una vez al principio del texto; después la sustituye el pronombre **lo**. Subráyalo.

Novedades empresariales

El chicle del futuro

El Departamento de Investigación y Desarrollo de la conocida empresa "Golosinas" está preparando un nuevo producto en su Departamento de Investigación y Desarrollo. Se trata de un chicle que puede sustituir las comidas. Se llama **Chicletón** y está diseñado especialmente para aquellos que, a causa del trabajo, no tienen tiempo para comer. En este momento en "Golosinas" están realizando un estudio para decidir dónde van a distribuirlo y están probándolo entre un público adulto con edades que oscilan entre los 20 y los 30 años. Según Ana Sancho, directora de Marketing de la empresa, lo van a promocionar el próximo verano con el eslogan "Disfrútalo. ¿Por qué no lo pruebas?". La responsable de la comercialización del producto asegura que hay mucha gente que lo está esperando y que hay muchas empresas que lo quieren copiar: por esa razón la fórmula es absolutamente secreta.

Ana Sancho, directora de Marketing de "Golosinas"

B. Mira otra vez las frases con el pronombre **lo** y subraya también los verbos. Después, puedes completar esta regla.

Los Pronombres de Objeto Directo **lo, la, los, las** pueden ir detrás del Infinitivo, del __________ y del Imperativo; por ejemplo, **pruébalo**. Con un verbo en Presente (u otros tiempos) estos pronombres van delante. Por ejemplo: **¿por qué no lo compras?** Cuando tenemos una perífrasis como **ir a** + Infinitivo, ________ + Gerundio, ________ + Infinitivo, **poder** + Infinitivo o **tener que** + Infinitivo, el pronombre puede ir delante del verbo conjugado o después del Infinitivo o Gerundio; por ejemplo: **tengo que venderlo** o **lo tengo que vender**.

20 Completa estas frases con los pronombres **lo, la, los** o **las**.

1. Están preparando una nueva bebida con gas y van a distribuir_____ por Europa.
2. Este coche es muy potente pero no te _____ recomiendo.
3. Los cursos de formación de este centro _____ está preparando un equipo de profesionales.
4. ✧ ¿Y el folleto?
   ★ Están diseñándo_____ . Tenemos que enviar_____ esta semana a todos nuestros clientes.
5. ¿Tienes tú mis llaves? Es que no _____ encuentro.
6. Este arroz está muy bueno. ¿Quieres probar_____ ?
7. ¿La fiesta?_____ vamos a celebrar en casa de Manuel.
8. Este ordenador tiene muy buen precio. Cómpra_____.
9. ✧ Estamos trabajando en un producto que va a causar sensación.
   ★ ¿Y cómo _____ vais a llamar?
10. Este contrato no podemos aceptar_____.

21 **A.** Escucha estas descripciones. ¿De qué están hablando? Escribe el número que corresponda.

❏ el coche

❏ la tarjeta de crédito

❏ el pasaporte

❏ los zapatos

❏ la fotocopiadora

❏ las revistas

❏ las corbatas

❏ la agenda

B. Ahora escucha y comprueba tus respuestas.

C. Describe tú ahora uno de estos objetos. Tu compañero tiene que adivinar de qué objeto hablas.

las gafas de sol

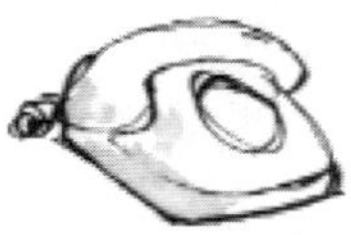
el teléfono

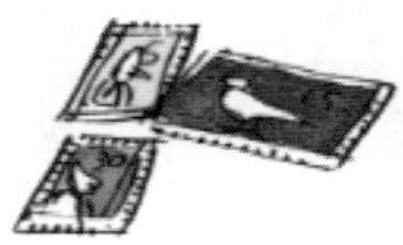
los sellos

el mapa

la cafetera

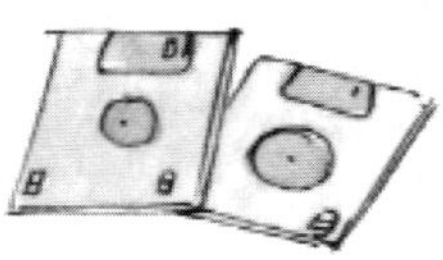
los disquetes

el reloj

el diccionario

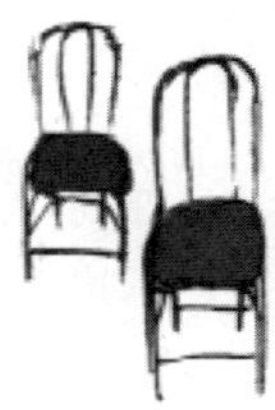
las sillas

el paraguas

✧ Las llevas en verano para protegerte del sol.
★ ¿Las gafas de sol?
✧ Sí.

22 Estás navegando por Internet y en una página para estudiantes de español encuentras este mensaje. ¿Por qué no contestas?

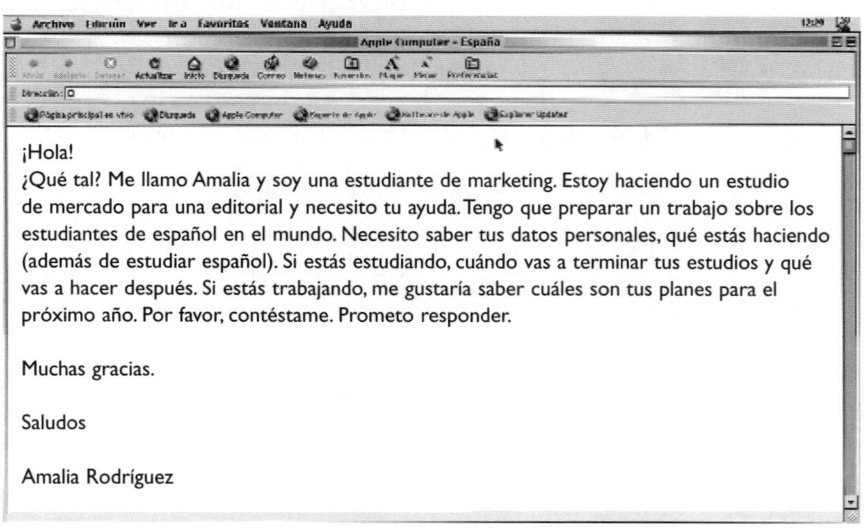

¡Hola!
¿Qué tal? Me llamo Amalia y soy una estudiante de marketing. Estoy haciendo un estudio de mercado para una editorial y necesito tu ayuda. Tengo que preparar un trabajo sobre los estudiantes de español en el mundo. Necesito saber tus datos personales, qué estás haciendo (además de estudiar español). Si estás estudiando, cuándo vas a terminar tus estudios y qué vas a hacer después. Si estás trabajando, me gustaría saber cuáles son tus planes para el próximo año. Por favor, contéstame. Prometo responder.

Muchas gracias.

Saludos

Amalia Rodríguez

COMPRUEBA TUS CONOCIMIENTOS

1 Elige la opción más adecuada.

1. Mañana ____ la mañana tengo que visitar a un cliente.
   - ☐ a. de
   - ☐ b. a
   - ☐ c. por
   - ☐ d. Ø

2. Buenos días, me ______ hablar con el Sr. Cobos.
   - ☐ a. quiero
   - ☐ b. gustaría
   - ☐ c. puedo
   - ☐ d. gusta

3. ¿A qué hora ______ la oficina?
   - ☐ a. cierran
   - ☐ b. está
   - ☐ c. trabajan
   - ☐ d. es

4. El Sr. Rico los domingos normalmente ________ tarde.
   - ☐ a. duermo
   - ☐ b. se levanta
   - ☐ c. trabajo
   - ☐ d. queda en casa

5. ✧ ¿Dígame?
   ★ ¿ _____ Agustín?
   ✧ Sí, soy yo.
   - ☐ a. Es
   - ☐ b. Está
   - ☐ c. Estás
   - ☐ d. Hola

6. Trabajas demasiado. Tienes que ________.
   - ☐ a. estudiar
   - ☐ b. levantarte temprano
   - ☐ c. dormir poco
   - ☐ d. descansar

7. A mí, me ______ las reuniones.
   - ☐ a. gusta
   - ☐ b. encanta
   - ☐ c. gustan
   - ☐ d. gusto

8. ¿Te ______ un café?
   - ☐ a. quieres
   - ☐ b. apeteces
   - ☐ c. quiere
   - ☐ d. apetece

9. Para mí lo más importante es tener un ______ de trabajo estable.
   - ☐ a. plaza
   - ☐ b. promoción
   - ☐ c. puesto
   - ☐ d. condición

10. No me gusta ______ la carne.
    - ☐ a. nada
    - ☐ b. poco
    - ☐ c. bastante
    - ☐ d. también

11. ¿Qué ____ podemos comprar a Rosa?
    - ☐ a. nos
    - ☐ b. me
    - ☐ c. te
    - ☐ d. le

12. Yo ______ el restaurante vasco.
    - ☐ a. prefiere
    - ☐ b. me gusta
    - ☐ c. me encanta
    - ☐ d. elegiría

13. En Reflon están ______ la plantilla. Necesitan personal para las nuevas oficinas.
    - ☐ a. produciendo
    - ☐ b. ampliando
    - ☐ c. desarrollando
    - ☐ d. haciendo

14. ___ martes tenemos una reunión muy importante.
    - ☐ a. En
    - ☐ b. El
    - ☐ c. Ø
    - ☐ d. Por

15. Mañana no puedo, pero ________ sí.
    - ☐ a. después de mañana
    - ☐ b. sobre mañana
    - ☐ c. pasado mañana
    - ☐ d. por la mañana

16. En Pipse van a ______ una bebida de un color muy especial.
    - ☐ a. salir
    - ☐ b. trabajar
    - ☐ c. lanzar
    - ☐ d. trasladar

17. Es muy bonito, pero ¿para qué _____ ?
    - ☐ a. tiene
    - ☐ b. sirve
    - ☐ c. cuesta
    - ☐ d. lleva

18. ¿Este reloj? No sé dónde ___ fabrican.
    - ☐ a. lo
    - ☐ b. la
    - ☐ c. el
    - ☐ d. los

19. Me imagino que ahora está ______ con un cliente.
    - ☐ a. a comer
    - ☐ b. comiendo
    - ☐ c. comer
    - ☐ d. come

20. Mi coche no es tan bonito _____ el tuyo.
    - ☐ a. que
    - ☐ b. más
    - ☐ c. tanto
    - ☐ d. como

Resultado: ________ de 20

2 Lee esta selección de restaurantes y completa las frases.

COMIDAS DE NEGOCIOS
Cinco interesantes propuestas para sus celebraciones

PRÍNCIPE DE VIANA En las afueras de Madrid, cocina de toda la vida: pescados, mariscos y carnes. Tiene un estupendo servicio de sala y una magnífica bodega. Dispone de una agradable terraza jardín en verano. Entre 60 y 80 euros. Cierra el domingo por la noche y el lunes.
Avda de España, 30. Moralzarzal, a 36 kilómetros de Madrid. Tel: 91 482 29 48

LA GALETTE Cocina vegetariana y no vegetariana pero divertida, en un local sencillo y agradable, en el centro histórico de Madrid. Posee un agradable patio para el verano. Entre 40 y 50 euros. Cierra los domingos al mediodía.
Plaza Mayor, 1. Madrid. Tel: 91 315 73 88

CABO MAYOR Un local espacioso y elegante que imita el interior de un barco. Cocina creativa y bien elaborada en un ambiente moderno. Alrededor de 65 euros. Cerrado los domingos por la noche.
En el km 16 de la carretera de Burgos, San Sebastián de los Reyes, a 16 kilómetros de la capital. Tel: 91 859 76 88

CHEZ POMME Sencillo y agradable, tiene una interesante variedad de platos vegetarianos en el centro de Madrid. Ensaladas, platos de verdura, pasta y postres caseros. Alrededor de 45 euros. No cierra ningún día.
Pl. Alonso Martínez, 2. Tel: 91 410 37 77

ASADOR FRONTÓN Clásico y popular asador, con una carne y un pescado de excelente calidad y buenos postres. Bodega cuidada y buen servicio. Alrededor de 60 euros. Cierra los domingos, festivos y agosto.
Castelló, 7. Tel: 91 309 11 76.

1. Los restaurantes ____________________ y ____________________ están el centro de Madrid.
2. Si quieres comer con un amigo vegetariano un domingo a mediodía puedes ir a ____________________.
3. En ____________________ abren todos los días.
4. ____________________ cierra un mes en verano.
5. ____________________ es el restaurante más caro.

Resultado: __________ de 10

3 Javier Valdés tiene que concertar una cita con varias personas. Escucha las conversaciones y toma nota del día y la hora de cada cita.

CITA CON	DÍA	HORA
1. la Sra. Medina		
2. Francisco Cruz		
3. Jorge		
4. el Sr. Pérez		
5. Mónica		

Resultado: __________ de 10

4 Vas a pasar unos días con una familia española. Escríbeles una carta o un correo electrónico para presentarte explicando cómo eres, tus gustos, aficiones, etc.

Estimados Señores:

Me llamo...

¡Hasta pronto!

Saludos.

Resultado: __________ de 10

Total: __________ de 50

Claves del éxito

Ejercicios

1 Clasificar sustantivos y verbos

2 Vocabulario

3 Información económica. Porcentajes

4 **Esta semana.** Acciones y acontecimientos. Pretérito perfecto

5 Participios

6 Adivinar qué ha hecho el compañero

7 Pretérito perfecto: conjugación de **haber**

8 Expresar frecuencia: **nunca, una vez, dos veces..., algunas veces, muchas veces**

9 **Ya/Todavía no**

10 **Ya/Todavía no.** Pronombres de Objeto Directo: **lo, la, los, las**

11 Valorar un día o una actividad

12 Preguntar por la realización de una actividad

13 Pronunciación: unión de palabras en la frase

14 Folleto. Verbos con preposición

15 Expresar obligación: **tener que** + Infinitivo

16 **Hay que** + Infinitivo

17 Conectores

18 Expresar causa: **porque** y **debido a**

19 Conectores

20 Mostrar acuerdo y desacuerdo

1 Escribe las palabras de la lista en el lugar correspondiente del cuadro.

control	facturación	reducir	invertir	aumento	incrementar
oferta	aumentar	crear	reducción	gasto	disminución
disminuir	creación	controlar	inversión	pérdida	consumir
ofrecer	consumo	perder	facturar	gastar	incremento

nombres	verbos
el control	*controlar*

2 Completa las frases con la opción correcta.

1. Si una empresa utiliza mucho dinero en cursos de formación, podemos decir que ________________ mucho dinero en formación.
   a. inversión **b.** ofrece **c.** invierte
2. Lo contrario de la demanda es: ________________ .
   a. la promoción **b.** la oferta **c.** ofrecer
3. Si una empresa reduce su plantilla, podemos decir que ha hecho una ________________ de plantilla.
   a. reducción **b.** inversión **c.** incremento
4. Si una empresa gana más un año que el año anterior, podemos decir que ________________ sus beneficios.
   a. han creado **b.** han aumentado **c.** han participado
5. Cuando decimos que las exportaciones han disminuido, queremos decir que ________________ .
   a. han bajado **b.** han subido **c.** se han parado
6. Si en una empresa suben las ventas, aumenta ________________ .
   a. el gasto **b.** la facturación **c.** el control
7. Si suben las ventas de pan, podemos decir que ha aumentado ________________ .
   a. el incremento **b.** el consumo **c.** la inversión
8. Cuando decimos que las pérdidas se han incrementado, estamos diciendo que las pérdidas ________________ .
   a. se han controlado **b.** han subido **c.** se han mantenido

3 **A.** Lee el siguiente texto y escribe una lista con todos los productos que se citan.

La cesta de la compra

Durante el último año, el mercado interior ha tenido un comportamiento dispar en el sector agroalimentario. En el capítulo de productos que han aumentado sus ventas destacan los zumos, que han crecido un 11%. Le siguen las aguas minerales (10%), y los productos lácteos (7%). Debido a la bajada de los precios también ha subido un 5% el consumo de aceite de oliva. Con crecimientos moderados, en torno al 2%, figuran la cerveza y la fruta.

La fruta ha tenido un crecimiento moderado.

Los huevos han subido un 3,5%. La venta de vino se ha estabilizado aunque con un ligero aumento del 1%. Entre los productos que han visto caer sus ventas están las patatas (un 7%) como consecuencia de la fuerte subida de los precios, y no por razones relacionadas con un cambio en la tendencia de la demanda. El pollo ha sufrido una caída del 2%. Ha bajado también la demanda de pan (3%) y de la carne de cerdo (6%).

Productos
zumos

B. Lee de nuevo el texto. Localiza estas palabras y expresiones. ¿A qué definición corresponden?

❑ dispar	1. Productos derivados de la leche, como el queso, el yogur y la mantequilla.
❑ sector agroalimentario	2. Aproximadamente.
❑ productos lácteos	3. Suave, sin excesos.
❑ moderado	4. Sector de la economía que agrupa la producción agrícola, ganadera y sus derivados.
❑ en torno a	5. Preferencia, inclinación.
❑ la tendencia	6. Irregular, variado.

C. Lee otra vez el texto y completa el gráfico con los nombres de los productos que han aparecido en él.

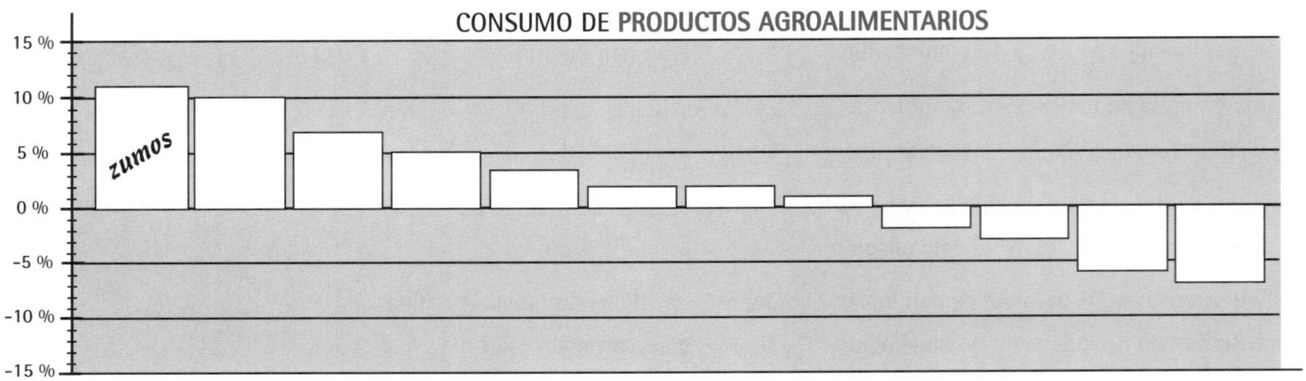

4 ¿Qué has hecho esta semana? ¿Qué te ha pasado? Márcalo.

- ❑ He salido tarde del trabajo / de clase casi todos los días.
- ❑ He tenido varias reuniones.
- ❑ He escrito un e-mail a un amigo que vive en otro país.
- ❑ He perdido un paraguas.
- ❑ He comido en casa todos los días.
- ❑ He estudiado mucho.
- ❑ He ido al banco.
- ❑ He visto un programa interesante en la televisión.
- ❑ He cenado fuera de casa.
- ❑ He hablado por teléfono con mis padres.
- ❑ Me he puesto una corbata.
- ❑ He comprado ropa.
- ❑ He hecho un examen.
- ❑ He dicho una mentira.

5 Subraya los participios del ejercicio anterior y clasifícalos.

-AR	-ER	-IR	Irregulares
		salido	

6 **A.** En parejas. Coge un papel y haz cuatro dibujos que representen cuatro cosas que has hecho esta semana. Entrega el papel a tu compañero.

B. Mira el dibujo de tu compañero y hazle preguntas para adivinar qué ha hecho.

✧ ¿Has tenido problemas con el coche?
★ No.
✧ ¿Has arreglado algo en tu casa?
★ Sí.

7 Escribe los siguientes verbos en el lugar correspondiente.

han puesto	hemos vuelto	ha estado
ha dormido	habéis acabado	hemos empezado
han hecho	has dicho	hemos terminado
hemos pensado	he decidido	ha sido
he discutido	habéis tenido	hemos escrito
han controlado	has ido	han estudiado
has viajado	he nadado	habéis vuelto
has venido	he tomado	hemos visto

yo	tú	él, ella, usted	nosotros/as	vosotros/as	ellos/as, ustedes

8 ¿Alguna vez te ha pasado o has hecho alguna de estas cosas? Escribe frases utilizando las expresiones de frecuencia.

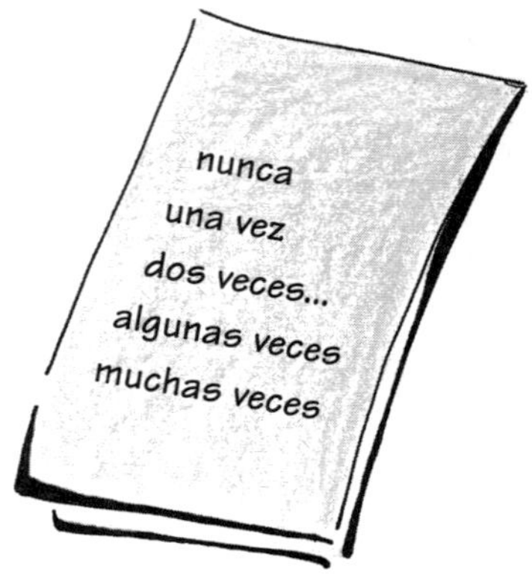

1. Regalar flores. ***He regalado flores muchas veces.***
2. Suspender un examen.
3. Ver una corrida de toros.
4. Cambiar de trabajo/escuela.
5. Ir a un campo de fútbol para ver un partido.
6. Viajar en barco.
7. Ir a un país de habla española.
8. Pasar todo un fin de semana trabajando.
9. Quedarme sin vacaciones.
10. Discutir con un jefe / un profesor.
11. Perder un avión.
12. Romper un objeto muy caro.

9 Lee las siguientes frases y elige la continuación más lógica.

1. Todavía no he podido enviar el fax...
   a) porque los de Ventas no me han dado todos los datos.
   b) porque ya hemos comprado la fotocopiadora.
2. Todavía no he visto el nuevo modelo...
   a) porque no lo he recibido.
   b) porque lo he pedido.
3. Sí, ya he hablado con él; ...
   a) ha salido de la reunión y hemos tomado un café juntos.
   b) porque no he podido verle.
4. Todavía no han llegado...
   a) porque no han comido en un restaurante.
   b) porque el avión ha salido con retraso.
5. No hemos contratado a nadie...
   a) porque ya hemos fotocopiado el informe.
   b) porque todavía no hemos terminado el proceso de selección.
6. Podemos empezar la reunión.
   a) Ya han llegado los responsables de todos los departamentos.
   b) Todavía no he visto la propuesta para la campaña publicitaria.

10 En parejas. Trabajas en una empresa. Hoy tienes que hacer todas estas cosas. Ahora son las cuatro y media de la tarde. Señala seis cosas e imagina que ya las has hecho. Tu compañero puede hacerte ocho preguntas para descubrir cuáles son.

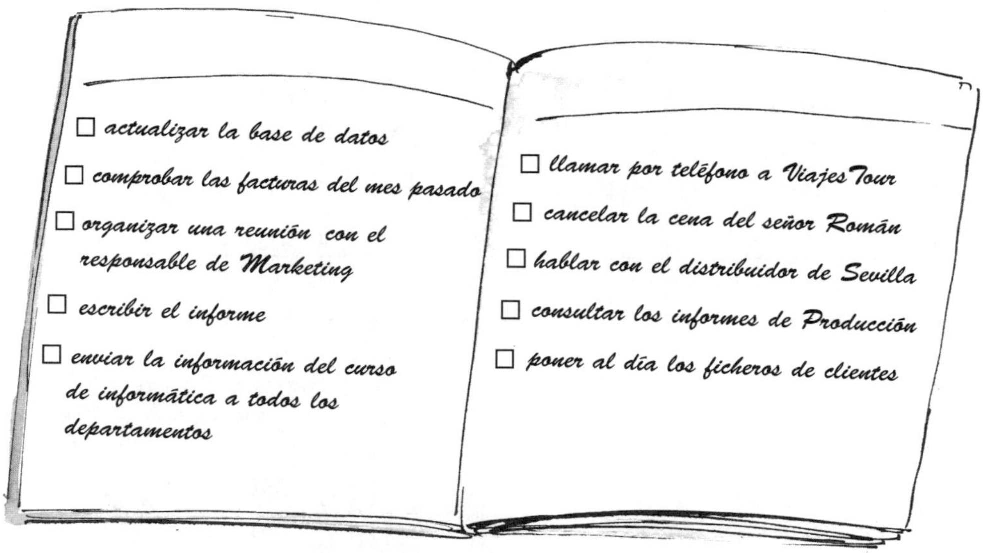

✧ ¿Has actualizado la base de datos?
★ No, todavía no la he actualizado.

11 Escucha estos cinco diálogos y completa el cuadro.

	¿Qué han hecho? / ¿Qué les ha pasado?	¿Y qué tal?
Manuel	*ha tenido una reunión*	*bastante mal*
Juana		
Rosario		
Juan y Ana		
Mario		

12 Pregunta a tu compañero si últimamente ha realizado alguna de estas actividades. Si la respuesta es afirmativa, pregúntale qué tal.

	sí	no	¿Qué tal?
ir a una fiesta			
hacer un examen			
comer en un restaurante			
leer un libro			
organizar una fiesta			
ir de camping			
hacer un viaje			
ir al teatro			

✧ ¿Has ido a una fiesta últimamente?
★ Sí.
✧ ¿Y qué tal?
★ Muy bien.

13 A. Lee estas frases en voz alta.

1. ¿Qué has hecho hoy?
2. Ha sido un día agotador.
3. ¿Ya has acabado?
4. ¿Qué vas a hacer?
5. ¿Qué tal el viaje?
6. No he ido nunca.
7. Le he invitado a comer.

B. Escucha las frases y fíjate en cómo se unen algunas palabras.

C. Ahora vuelve a escucharlas y repítelas.

14 A. Lee el anuncio y responde a estas preguntas.

1. ¿Qué tipo de empresa es la que ofrece el servicio Bantel?
2. ¿Qué crees que es Bantel?
3. ¿Qué horario de atención al público tiene Bantel?
4. ¿Crees que es un servicio interesante? ¿Por qué?

BANTEL

Un servicio gratuito

Bantel le garantiza el mismo nivel de atención y eficacia que cualquiera de nuestras sucursales bancarias.
Usted puede informarse de la amplia gama de productos que ofrecemos y contratarlos sin tener que desplazarse, con la comodidad de disponer de un horario de atención más amplio: de 8 de la mañana a 10 de la noche y de lunes a sábado, ininterrumpidamente. Sólo tiene que llamarnos por teléfono.

Contamos con los últimos avances en seguridad.

Con **Bantel** usted puede:

- invertir en Bolsa
- participar en la gestión de sus inversiones
- realizar transferencias y pagos
- consultar el estado de sus cuentas
- solicitar moneda extranjera
- ponerse en contacto con su asesor fiscal
- solicitar un préstamo personal y/o un préstamo hipotecario
- cambiar el número clave de su tarjeta de crédito

Y todo ello sin desplazamientos y en un horario de atención mucho más amplio y cómodo.

B. Vuelve a leer el texto y busca las preposiciones que acompañan a estos verbos.

1. Contar ______
2. Disponer ______
3. Informar ______
4. Invertir ______
5. Participar ______
6. Ponerse ______ contacto ______

C. Ahora elige tres verbos y escribe una frase con cada uno.

15 Aquí tienes unas fichas que presentan la situación actual de varias empresas en crisis y, a continuación, una lista de posibles soluciones. Elige dos para cada empresa y escríbelas.

Telexfo tiene que...

Telexfo

Nombre: Telexfo

Sector: Telefonía móvil

Descripción: Han recibido muchas quejas por el servicio de mantenimiento. El jefe de mantenimiento ha tenido varias reuniones con los técnicos, pero el problema no se ha solucionado. Les preocupa la mala imagen que está dando la empresa.

TRANS, S.L.

Nombre: TRANS, S.L.

Sector: Transportes

Descripción: La mayoría de los camiones tienen más de 10 años y tienen que ser reparados constantemente. Además, debido a problemas meteorológicos, últimamente algunos pedidos han llegado tarde a los clientes.

JeanDifusion

Nombre: JEANDIFUSION

Sector: Cadena de peluquerías

Descripción: En los últimos meses la empresa ha perdido clientes. Las peluquerías de la competencia han abierto nuevos locales con precios más bajos.

Lovis

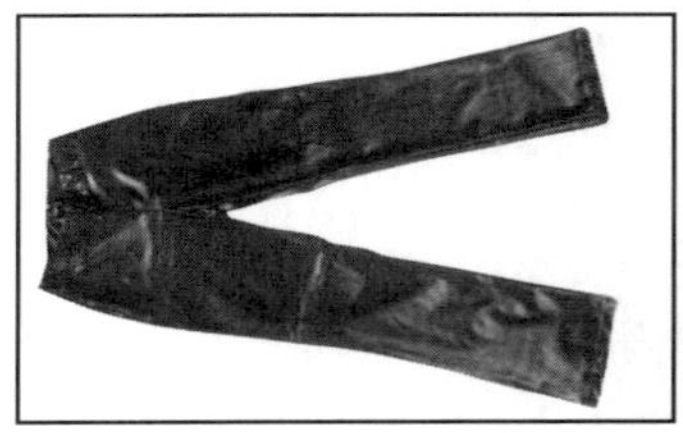

Nombre: LOVIS

Sector: Moda

Descripción: Las ventas han bajado muchísimo en los últimos meses y han tenido que cerrar algunas tiendas. Los jóvenes no compran su ropa. Otras marcas ofrecen prendas más atractivas para ellos.

Posibles Soluciones

a. Invertir en cursos de formación para los técnicos.

b. Comprar nuevos camiones.

c. Contratar a diseñadores especializados en ropa juvenil.

d. Invertir en campañas de publicidad.

e. Contratar los servicios de una empresa de transporte por ferrocarril.

f. Crear un departamento de atención al cliente.

g. Ofrecer precios más competitivos.

h. Realizar un estudio de mercado entre la población más joven.

16 **A.** ¿Qué crees que hay que hacer para...?

1. Conducir bien — *Para conducir bien hay que ser paciente.*
2. Tener muchos amigos ....
3. Mantenerse en forma ....
4. Encontrar un buen trabajo ....
5. Aprender un idioma extranjero ....
6. Ser rico ....
7. Dejar de fumar ....
8. Aprobar un examen ....

B. Compara tu lista con la de tu compañero.

17 **A.** Vas a escuchar ocho frases incompletas. ¿Qué continuación te parece más lógica?

1
a) por ese motivo, podemos invertir más en publicidad.
b) mientras que podemos invertir más en publicidad.

2
a) porque ha aumentado la producción.
b) y, sin embargo, ha aumentado la producción.

3
a) primero hay que reducir el gasto.
b) debido a que hay que reducir el gasto.

4
a) y en consecuencia, los problemas continúan.
b) y, sin embargo, los problemas continúan.

5
a) debido a la gran demanda del mercado.
b) debido al déficit de la empresa.

6
a) mientras que el número de vuelos internacionales ha aumentado.
b) porque el número de vuelos internacionales ha aumentado.

7
a) en cambio, los sueldos de los directivos han aumentado un 20%.
b) y, en consecuencia, los sueldos de los directivos han aumentado un 20%.

8
a) y, sin embargo, tenemos que bajar los precios.
b) en consecuencia, tenemos que bajar los precios.

B. Escucha y comprueba.

18 Lee las siguientes frases. Todas son correctas.

1. - La empresa está en crisis **debido a** la mala gestión.
   - La empresa está en crisis **porque** la gestión ha sido mala.

2. - Han aumentado las ventas **debido a** un crecimiento en la demanda.
   - Han aumentado las ventas **porque** ha crecido la demanda.

3. - La compañía ha perdido pasajeros **debido a** los numerosos retrasos en los vuelos.
   - La compañía ha perdido pasajeros **porque** los vuelos han tenido numerosos retrasos.

Porque y **debido a** expresan causa.

Utilizamos ______________ antes de un nombre (acompañado o no por un adjetivo), en cambio,

usamos ______________ antes de una frase completa (que contiene un verbo).

19 Termina estas frases.

1. Este año he trabajado muchísimo, por eso...

2. Los precios de los vuelos nacionales han bajado, en consecuencia...

3. En el sector de la informática la competencia es cada vez mayor, por ese motivo...

4. Nunca he estado en América, en cambio...

5. Las inversiones se han reducido debido a...

6. Hemos intentado controlar el gasto, sin embargo...

20 **A.** Marca las frases con las que estás de acuerdo.

1. Hay que tener los hijos antes de los 35 años. ☐
2. La comida asiática es la mejor del mundo. ☐
3. Es mucho mejor el cine que el teatro. ☐
4. Hay que prohibir fumar en todos los espacios públicos. ☐
5. Lo más importante en el trabajo es ganar mucho dinero. ☐
6. El problema más grave de mi país es el paro. ☐
7. Los gatos son más inteligentes que los perros. ☐
8. Para ser un buen profesional es más importante la formación que la experiencia. ☐

B. Comenta con tus compañeros las frases que has marcado.

✧ En mi opinión, hay que tener los hijos antes de los 35 años.
★ Estoy de acuerdo contigo.
❍ Pues yo no estoy de acuerdo con vosotros porque...

Agencias de viajes

Ejercicios

1 Vocabulario. Viajar en avión

2 Una oferta de viaje

3 Reservar un billete

4 Pedir cosas

5 Imperativo. **Tú/usted**

6 Pedir a otros. Imperativo. **Tú/usted**

7 Pedir por escrito

8 Excusarse: **es que...**

9 Reproducir la frase original

10 Transmitir las palabras de otros

11 Hoteles

12 **Como/porque**

13 Pronunciación: **ll, y, ñ, ch**

14 Vocabulario. Sustantivos y verbos

15 **Si** + Presente + Futuro

16 Futuro

17 **Si** + Presente + Futuro

18 Predecir el futuro

19 Vocabulario

20 Hacer una reserva

21 Pronombres de Objeto Directo + Indirecto

22 Pronombres de Objeto Directo + Indirecto

1 Todas estas cosas se hacen cuando se viaja en avión. Ordénalas.

- 1 reservar el billete
- aterrizar
- pasar el control de pasaportes
- subir al avión
- facturar el equipaje
- recoger el equipaje
- despegar
- esperar en la sala de embarque
- bajar del avión

2 Lee este anuncio y marca con una cruz si las frases son verdad o mentira.

Anticípese y aproveche esta oportunidad

Vacaciones gratis

Sólo en Viajes Marisol

***2 x 1** (Acompañante gratis)*

¡Plazas limitadas!

Si reserva su viaje exclusivamente entre el 3 y el 6 de mayo

VIAJES MARISOL

OFERTA

MAYO						
					1	2
3	**4**	**5**	**6**	7	8	9
10	11	12	13	14	15	16
17	18	19	20	21	22	23
24	25	26	27	28	29	30
31						

Santiago de Compostela

GRATIS Visita medio día a la ciudad de Santiago

Hotel San Simón

Alojamiento y desayuno

4 días de jueves a domingo desde **195 €**

5 días de domingo a jueves desde **225 €**

Consulte hoteles con oferta, **50%** de descuento para su acompañante

Nuestros precios incluyen:
- Billete de avión ida y vuelta desde Barcelona.
- Traslado aeropuerto-hotel-aeropuerto.
- Alojamiento en hotel.
- Visita medio día a la ciudad de Santiago.
- Seguro de viaje.

No incluidas tasas ni gastos de gestión.

550 oficinas propias a su servicio en toda España
Información y reservas: 900 000 000 http://www.marisol.es

	Verdad	Mentira
1. La oferta incluye alojamiento y desayuno.		
2. Si haces la reserva cualquier día del mes de mayo el billete cuesta la mitad.		
3. Los vuelos salen de Madrid.		
4. Incluye un seguro de viaje.		
5. Marisol tiene más de 500 oficinas por toda España.		
6. Sólo se puede salir los jueves.		
7. El traslado del aeropuerto al hotel está incluido.		
8. Hay que pagar las tasas.		

3 **A.** Completa el diálogo con estas palabras.

dígame | completo | vuelta | oferta | ida | último | desayuno | compañía | reservar | vuelo | día | plazas

✧ Viajes Marisol, buenos días, ¿__________?
★ Buenos días. Quería __________ un billete para Madrid.
✧ ¿Para qué ______?
★ La__________para el día 7.
✧ Un momento. Lo siento, pero para el día siete con Iberia está todo__________. Si quiere, puedo mirar con otra __________.
★ Sí, sí, no importa.
✧ Con Air España sí hay ________. Hay un ________ a las 10 de la mañana. ¿Le parece bien?
★ Sí, está bien.
✧ ¿Y la _________, para cuándo?
★ Para el día 9.
✧ A ver... sí, hay plazas.
★ ¿Cuándo sale el ___________vuelo?
✧ A las 9 de la noche. Todavía quedan plazas.
★ Muy bien. Pues a las 9... Ah, también necesito un hotel.
✧ Tenemos una __________ con el Hotel Cibeles. Es un cinco estrellas.
★ Perfecto. Pero sólo quiero alojamiento y _________.

B. Ahora escucha y comprueba.

4 Lee las siguientes frases e imagina quién las ha dicho, dónde y a quién.

	¿QUIÉN?	¿DÓNDE?	¿A QUIÉN?
1. Por favor, pásame un momento los catálogos que tienes ahí al lado.	*un compañero*	*en el trabajo*	*a otro compañero*
2. ¿Podría traerme una servilleta, por favor?			
3. Prepárame el informe para mañana.			
4. ¿Puede decirme cuánto cuesta esta camisa?			
5. ¿Podría darme sus datos bancarios?			
6. Déme un billete de ida y vuelta, por favor.			
7. ¿Puedes preparar tú la cena?			
8. ¿Podría decirme a qué hora llega el vuelo de Lima?			

5 **A.** Estos verbos están en Imperativo. Clasifícalos en regulares e irregulares. Escríbelos en los recuadros que están en gris. Puedes consultar la página 132 del *Libro del alumno*.

habla · venga · haz · responda · escribe · salga · ve · diga · pon

REGULARES		TÚ	USTED
	-ar	*habla*	
	-er		
	-ir		

IRREGULARES	TÚ	USTED
		venga

B. Ahora escribe las formas verbales que faltan en los recuadros que están en blanco.

6 Escucha a estas personas. Todas piden algo. Escribe si usan **tú** o **usted**.

1.		3.		5.	
2.		4.		6.	

7 Vas a estar unos días de viaje, tienes varios asuntos pendientes y no tienes tiempo de hacerlos. Antes de salir de la oficina, le dejas una nota a Pedro, tu ayudante. El correo electrónico de la página 124 del *Libro del alumno* te puede servir como modelo.

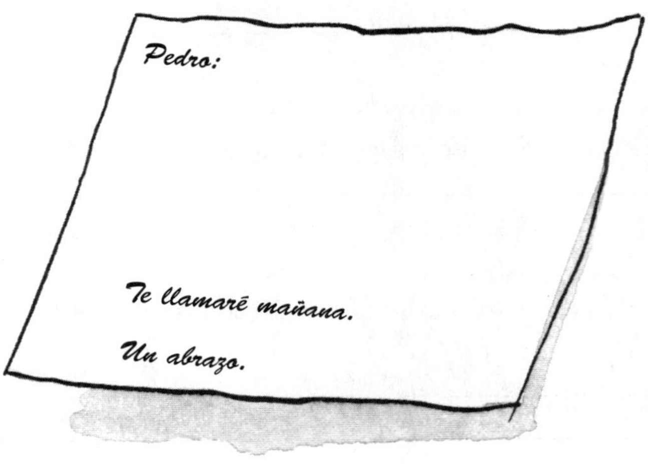

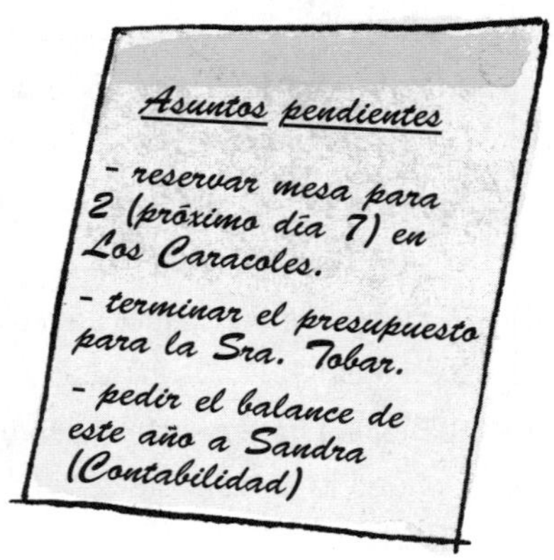

8 Varias personas te piden algunas cosas pero tú no puedes hacerlas. Piensa en posibles excusas y escríbelas.

1. ¿Podrías mirar si he recibido algún correo electrónico?
Lo siento pero no puedo, es que...

2. ¿Puedes ir al aeropuerto a recoger a la Sra. Rico?

3. Prepárame la documentación para la reunión de mañana.

4. ¿Puedes llamar al Sr. Ramírez para cancelar la entrevista?

5. ¿Podrías quedarte un par de horas más para acabar el mailing?

6. Envíame el disquete con los documentos que ha preparado el diseñador.

9 ¿Qué han dicho exactamente estas personas?

1. La señora Boadella ha llamado y ha dicho que está estudiando la posibilidad de invertir en Margot S.A.
   - La señora Boadella: "____________________"
2. El señor Eduardo dice que no encuentra las llaves del almacén, que las ha buscado por toda la oficina.
   - El señor Eduardo: "____________________"
3. Agustín ha preguntado si tiene que ir al próximo congreso de San Sebastián.
   - Agustín: "____________________"
4. Lourdes dice que ha llamado cuatro veces al distribuidor, pero que no lo encuentra.
   - Lourdes: "____________________"
5. La señora Torrejón quiere saber cuándo recibirá su pedido.
   - La señora Torrejón: "____________________"
6. Nuria nos ha preguntado si hemos recibido el nuevo diseño para el folleto de la próxima temporada.
   - Nuria: "____________________"
7. Eugenia quiere saber a qué hora van a llegar sus clientes. Dice que quiere ir al aeropuerto a recibirlos.
   - Eugenia: "____________________"
8. Bibiana quiere saber quién va a ir a la feria de Bilbao. Dice que tiene que hacer la reserva del hotel lo antes posible.
   - Bibiana: "____________________"

10 En el trabajo varias personas te han dicho estas cosas. Después se lo cuentas a un amigo.

1. Lorena
"Hoy no puedo ir al gimnasio contigo; tengo mucho trabajo."

2. La Sra. Soriano
"¿Pueden hacerme un presupuesto para la próxima semana?"

3. El Sr. Galindo
"He leído el informe y estoy muy contento con el resultado."

4. Laura del Departamento de Contabilidad
"¿Dónde están las facturas de la feria de París?"

5. Un comercial de SISA
"Me gustaría pasar a hacerles una visita."

6. Un estudiante
"Estoy buscando trabajo."

7. Raúl Quintana
"¿Han llegado los paquetes?"

8. La señora Blanco
"El cheque que me habéis enviado no es correcto."

1. *Lorena me ha dicho que...* ____________________
2. ____________________
3. ____________________
4. ____________________
5. ____________________
6. ____________________
7. ____________________
8. ____________________

11 Vas a viajar a España con tus compañeros. Aquí tienes una ficha con las características y necesidades del grupo. ¿Cuál de estos hoteles elegís?

Nº de personas: *64* Fecha: *del 2 al 8 de agosto*

Características del grupo:

- *Edades entre 16 y 23 años*
- *Una persona en silla de ruedas*
- *Tres vegetarianos*
- *Viajan en autocar, excepto 4 personas, que viajan en coche*

Presupuesto por persona/día: *75 euros aproximadamente*

Habitaciones: *30 dobles y 4 individuales*

Observaciones:

Preferiblemente con piscina y habitaciones con TV y aire acondicionado

- Número de teléfono
- FAX Número de fax
- Habitaciones con baño y/o ducha
- Aire acondicionado
- TV Televisión
- Accesible minusválidos
- Tarjeta de crédito
- Número de habitaciones
- P Aparcamiento
- Piscina
- Jardines

Precio de una habitación doble (no por persona), desayunos, impuestos y servicios incluidos.

- € menos de 50 euros
- €€ 50 - 75 euros
- €€€ 75 - 100 euros
- €€€€ más de 100 euros

	Tarjeta de crédito	Número de habitaciones
En SEVILLA Hotel San Gil — TV P — €€€ C/Parras 28, 41002. 95 490 68 11 FAX 95 490 69 39 Hermosa mansión de principios de siglo. Las habitaciones son amplias y bien amuebladas. Tiene un apacible jardín con palmeras y un viejo ciprés.	AE MC V	39
En RIBADESELLA (Asturias) Gran Hotel del Sella — TV P — €€€€ C/Ricardo Cangas 2, 33560. 98 586 01 50 FAX 98 585 74 49 Antiguo palacio de verano del marqués de Argüelles. En la costa cantábrica, situado frente a la playa y fuera del pueblo. Cuenta con diversas instalaciones, tales como piscina, pistas de tenis y amplios jardines.	AE DC MC V	82
En SITGES (Barcelona) Hotel San Sebastián Playa — TV P — €€€€ C/ Port Alegre 53, 08870. 93 894 86 76 FAX 93 894 04 30 Este nuevo hotel se encuentra muy cerca de la playa y del casco antiguo. Personal atento y habitaciones cómodas. Ambiente agradable y cocina mediterránea.	AE DC MC V	51

En CARTAGENA (Murcia) Hotel Los Habaneros € C/ San Diego 60, 30202. ☎ 968 50 52 50 FAX 968 50 91 04 En el casco antiguo de la ciudad y cerca del paseo marítimo. Este hotel ofrece comodidad a precios razonables. Tiene un restaurante popular. Hay que reservar con antelación para Semana Santa.	AE DC MC V	65
En BURGOS Mesón del Cid € € € Pl. de Santa María 8, 09003. ☎ 947 20 87 15 FAX 947 26 94 60 Este elegante hotel está situado en una pequeña plaza frente a la majestuosa catedral. Ideal para disfrutar de un ambiente tranquilo. Personal eficiente y agradable.	AE MC V	28

(Guía de España de EL PAIS-AGUILAR, texto adaptado)

12

A. Lee estas dos frases y fíjate en cuándo se usa **como** y cuándo **porque**.

	CAUSA	CONSECUENCIA
Como	tengo que estudiar,	no podré ir al cine esta tarde.

CONSECUENCIA		CAUSA
No podré ir al cine esta tarde	**porque**	tengo que estudiar.

B. Ahora completa las frases. Utiliza **como** o **porque**.

1. .... estoy enfermo .... no podré ir al trabajo.
2. .... no te he llamado .... no tengo tu número de teléfono.
3. .... no ha llegado el director .... no podemos empezar la reunión.
4. .... tenemos que aumentar la producción .... en los últimos meses ha crecido la demanda.
5. .... no ha estudiado .... ha suspendido el examen.
6. .... no podemos recibir visitas .... estamos en obras.

13

A. Completa estas palabras con las letras que faltan: **ll**, **y**, **ñ** y **ch**.

1. a__o
2. si__a
3. mu__o
4. tu__o
5. ba__o
6. __ino
7. le__endo
8. campa__a
9. ma__ana
10. ni__o
11. ca__e
12. pla__a
13. bi__ete
14. despa__o
15. compa__ero
16. ape__ido
17. no__e
18. peque__o

B. Ahora escucha y comprueba.

14 **A.** ¿A qué verbos corresponden estos sustantivos?

1. conservación		6. extensión	
2. promoción		7. aparición	
3. ocupación		8. declaración	
4. sanción		9. situación	
5. creación		10. realización	

B. ¿Conoces otros sustantivos que terminen en **-ción**? Escríbelos. ¿Son masculinos o femeninos?

15 Completa las frases con la forma conjugada de estos verbos.

tener — estudiar — lanzar — recibir — disponer — ofrecer — ir — funcionar

1. Si __________ unos días libres en junio, me iré de vacaciones a la playa.
2. No aprobarás el examen, si no __________ .
3. Si __________ un buen descuento, venderemos más.
4. Si el ordenador no __________ , no podré preparar el informe.
5. Si __________ a la feria de Chile, no iremos a la de Milán.
6. Haremos una campaña de promoción, si __________ de presupuesto.
7. No enviaré su pedido, si no __________ una confirmación.
8. Si __________ un producto más atractivo, tendremos más ventas.

16 Juega con tu compañero. Elige un verbo y pídele que lo conjugue en Futuro con la persona gramatical que tú le vas a decir.

✧ Tener, yo.
★ Tendré.
✧ Sí.

17 A estas frases les falta una parte. Escríbela tú.

1. Si no puedo llegar a tiempo a la reunión, ____________________
2. Hablaré con el director de mi empresa, si ____________________
3. Si nos visita un cliente importante, ____________________
4. Compraré un buen libro en la librería del aeropuerto, si ____________________
5. Si no encuentro las llaves de la oficina, ____________________
6. Compraremos un ordenador nuevo, si ____________________
7. Si tengo dinero este verano, ____________________
8. No iré mañana a trabajar, si ____________________

18 **A.** Vamos a predecir el futuro. Escribe, como mínimo, cuatro cosas sobre cómo crees que será tu vida dentro de cinco años. ¿Y la de tu compañero? Piensa en posibles cambios en el trabajo, en la familia, en el aspecto físico, en el carácter...

YO	MI COMPAÑERO

B. Comenta con tu compañero lo que has escrito sobre él. ¿Está de acuerdo?

19 ¿Con qué verbos relacionas estos sustantivos? Puede haber varias posibilidades.

una reunión · una entrevista · una visita · la documentación · un pedido · una noticia · el teléfono · un paquete · una carta · un contrato

aplazar	***una reunión, una entrevista...***
preparar	
mandar	
comunicar	
concertar	
atender	
contestar	
firmar	

20 **A.** Lee estos dos faxes que ha enviado Carmen Manrique a dos agencias de viajes. Uno es informal y el otro es más formal. Identifícalos.

FAX

IQ

A: Viajes Trotamundos
De: Carmela Manrique
Instituto Quijano
Nº de páginas: 1
Fecha: 10 de julio

Aprec ados amigos:

Tal como hemos hablado esta mañana, os envío los datos para la reserva.

Neces to dos billetes a Praga para la próxima semana. Quiero salir el lunes de la semana que viene, pero, por favor, la hora de llegada tiene que ser antes de las 12.00. La vuelta para el miércoles por la tarde preferiblemente, pero también puede ser por la noche. ¿Podríais buscar un buen hotel? Un cuatro estrellas, por ejemplo. Tiene que estar en el centro de la ciudad. Por cierto, en habitaciones individuales, ¿eh?

Necesitamos saber algo lo antes posible. ¿Podéis decirnos alguna cosa hoy mismo?

Esperc vuestra respuesta.

Carmela Manrique

FAX

IQ

A: Viajes Solimar
De: Carmela Manrique
Instituto Quijano
Nº de páginas: 1
Fecha: 10 de julio

Apreciados señores:

Tal como hemos acordado en la conversación mantenida esta mañana, les envío los datos para la reserva.

Necesitamos dos billetes a Praga para la próxima semana. Nos gustaría salir el lunes de la semana que viene pero, si fuera posible, la hora de llegada tendría que ser antes de las 12.00. La vuelta para el miércoles por la tarde preferiblemente, pero también podría ser por la noche. ¿Podrían buscar un buen hotel? Un hotel de cuatro estrellas, a ser posible. Tendría que estar en el centro de la ciudad. Asimismo, las habitaciones tendrían que ser individuales.

Esperamos recibir noticias suyas lo antes posible. Les estaremos muy agradecidos si puede ser hoy mismo.

Atentamente,

Carmela Manrique

B. Observa las diferencias entre los dos faxes, márcalas y coméntalas con tu compañero.

21 **A.** Lee estas frases y observa cuándo **le** y **les** se transforman en **se**.

1.
✧ ¿Le has dado al jefe el presupuesto?
★ No, pero se lo daré esta tarde.
✧ ¿Puedes dárselo antes?

2.
✧ ¿Le has enviado la documentación a Lucía?
★ No, pero se la enviaré mañana.

3.
✧ Tengo que enviarles los billetes a los señores Román.
★ ¿No se los has enviado todavía?
✧ No.

4.
✧ ¿Les entrego las cartas a los mensajeros?
★ No, ya se las he entregado yo.

B. Ahora completa el cuadro.

Los Pronombres de Objeto Indirecto *le* y ___ se transforman en ___ cuando van acompañados de un Pronombre de Objeto Directo (___ , ___ , ___ o ___).

22 **A.** Laura es una secretaria muy eficiente. En la oficina todo el mundo le pide cosas. Escucha los diálogos y escribe cómo responde a las dos peticiones.

1. ______________________________

2. ______________________________

B. ¿Cómo crees que responde Laura a estas otras peticiones?

1. Laura, ¿puedes enviar estos paquetes a la señora Manrique del Instituto Quijano?

2. Perdona, ¿podrías preparar las fotocopias para el conferenciante?

3. Entrega este sobre al mensajero lo antes posible, por favor.

4. ¿Podrías mandar un catálogo a todos nuestros clientes de la provincia de Madrid?

5. ¿Puedes comprar unas flores para Emilia? Hoy es su cumpleaños.

6. Laura, ¿podrías escribir una tarjeta de agradecimiento a los señores Gálvez?

Formación y experiencia

Ejercicios

1 Pretérito Indefinido

2 Personajes famosos. Pretérito Indefinido

3 Pretérito Indefinido. Verbos irregulares

4 Referencias temporales: **anteayer, el año pasado, hace tres semanas, en 1992...**

5 Palabras que se acentúan en la antepenúltima sílaba

6 Una oferta de trabajo. **Se requiere, se ofrece**

7 Una solicitud de empleo. Preposiciones

8 Adjetivos de carácter

9 Cualidades. **Ser** y **tener**

10 Cualidades y defectos

11 **el/la/los/las de/que...**

12 **Hace, desde, hasta, de... a, del... al**

13 Buscar a alguien que ayer...

14 Chupa Chups

15 **El mismo..., al... siguiente, ... más tarde, ... después, al cabo de...**

16 Hechos importantes en la historia reciente de España

17 Breve biografía

18 Currículum vitae

19 Ofertas de trabajo

20 Diseñar una oferta de trabajo

21 Pretérito Imperfecto

22 **Antes era..., ahora es...**

23 **Cuando tenía...**

1 **A.** Relaciona las imágenes con las 8 frases de abajo.

LA REVOLUCIÓN INFORMÁTICA

La vida cotidiana ha cambiado enormemente desde la aparición de la informática. El ordenador personal es el gran responsable de esta revolución. La historia de las dos últimas décadas del siglo XX se puede resumir en unas pocas imágenes.

1. En 1976, Bill Gates **fundó** Microsoft, una empresa que **entró** en plena actividad en Albuquerque (Estados Unidos).
2. Steve Jobs y Stephen Wozniac **crearon** en 1977 el ordenador Apple II en un garaje a las afueras de San Francisco.
3. En 1981, IBM **lanzó** su Personal Computer, también llamado PC.
4. Compacq **fabricó** el primer ordenador portátil compatible con IBM en 1982.
5. En 1984 **salió** a la venta un pequeño disco de plástico capaz de almacenar tanta información como 500 disquetes: el CD-ROM.
6. En 1989 Internet **se convirtió** en la mayor autopista de información.
7. En 1993 **se popularizaron** los juegos creados especialmente para ordenador.
8. En 1995 **apareció** "Windows 95".

B. ¿Puedes agrupar los verbos que están en negrita en la página anterior?

-AR	-ER	-IR
fundó		

C. Elige un verbo de cada conjugación y escribe todas las formas. Puedes consultar la página 142 del *Libro del alumno.*

	-AR	-ER	-IR
	FUNDAR		
yo			
tú			
él, ella, usted	*fundó*		
nosotros/as			
vosotros/as			
ellos, ellas, ustedes			

D. El verbo **convertirse** es irregular. Tiene la misma irregularidad, en Pretérito Indefinido, que el verbo **pedir**. Conjúgalos.

	CONVERTIRSE	PEDIR
yo		
tú		
él, ella, usted	*se convirtió*	
nosotros/as		
vosotros/as		
ellos, ellas, ustedes		

2 **A.** ¿Qué hicieron estas personas? ¿Qué les pasó?

☐ Humphrey Bogart ☐ Alexander G. Bell ☐ Indira Gandhi ☐ Ludwig van Beethoven ☐ Henry Ford

☐ Jesse Owens ☐ Alexander Fleming ☐ John F. Kennedy ☐ Ana Bolena ☐ Miguel de Cervantes

☐ Thomas Alva Edison ☐ Valentina Tereshkova

1. Protagonizó la película "Casablanca".
2. Inventó el teléfono.
3. Compuso "La quinta sinfonía".
4. Se casó con Enrique VIII de Inglaterra.
5. Escribió "Don Quijote de la Mancha".
6. Ganó una medalla de oro en los Juegos Olímpicos de Berlín en 1936.
7. Estableció la primera red pública de alumbrado eléctrico.
8. Descubrió la penicilina.
9. En 1903 construyó una de las fábricas de automóviles más importantes del mundo.
10. Murió en un atentado en Dallas (Estados Unidos).
11. Gobernó la India.
12. Fue la primera mujer que viajó al espacio.

B. ¿Puedes escribir algo que hicieron estas otras personas?

1. Leonardo da Vinci
2. Cristóbal Colón
3. María Callas
4. Greta Garbo
5. William Shakespeare
6. Teresa de Calcuta

3 Completa el cuadro con las formas que faltan.

	ESTAR	HACER	PODER	VENIR	PONER	IR/SER
yo			*pude*			
tú					*pusiste*	
él, ella, usted	*estuvo*					
nosotros/as						*fuimos*
vosotros/as		*hicisteis*				
ellos, ellas, ustedes				*vinieron*		

4 **A.** Ordena estas referencias temporales cronológicamente.

en julio de 1996	en el siglo XVIII
anteayer	el martes
hace dos años	el fin de semana pasado
el año pasado	en 1992
ayer	hace tres semanas

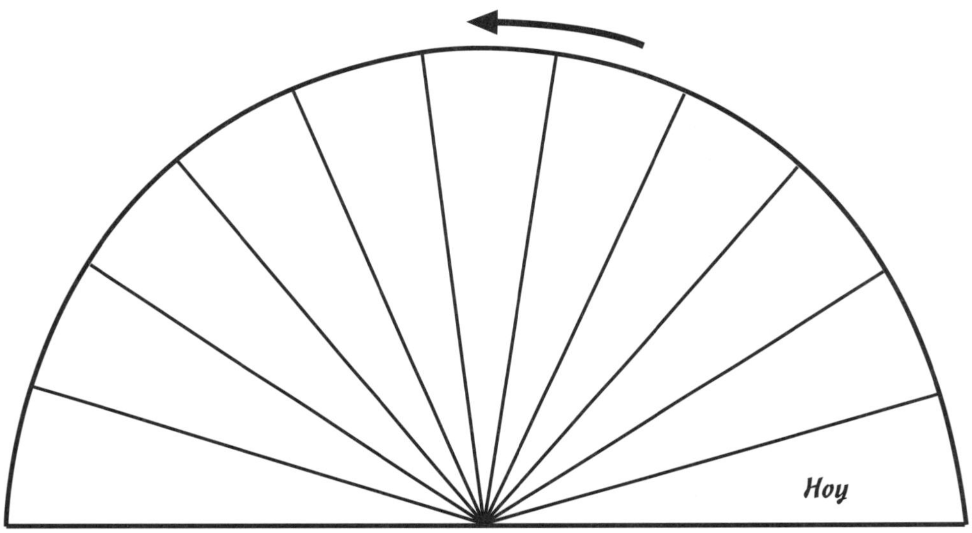

B. Escribe tres frases en pasado utilizando las referencias temporales anteriores.

5 **A.** Completa las palabras con la sílaba que falta.

chí **lé** **má** **prác** **nó** **nú**

úl **téc** **clá** **pá** **tí** **tá**

1. te__fono	4. infor__tica	7. mu__simo	10. __nico
2. __ticas	5. __timo	8. __mido	11. sim__tico
3. a__nimo	6. ca__logo	9. __mero	12. __sico

B. Escucha y comprueba. Todas estas palabras se acentúan en la antepenúltima sílaba y siempre llevan acento gráfico. ¿Conoces otras? Escríbelas.

6 Este anuncio está incompleto. Escribe las frases de la derecha en el apartado que les corresponda: **se requiere** o **se ofrece**.

IS **IBERSER**

Para incorporación en empresa líder en el sector, se necesita:

RESPONSABLE DE CONTABILIDAD

Se requiere:

Se ofrece:

Interesados enviar C.V. con fotografía reciente y carta manuscrita al Apartado de Correos número 43221 - San Sebastián.

- Experiencia de 2 ó 3 años como contable
- Incorporación inmediata en importante Asesoría Fiscal
- Retribución a convenir
- Conocimientos de inglés (nivel medio)
- Licenciado en Económicas o diplomado en Empresariales
- Edad entre 28 y 35 años
- Imprescindible conocimientos sobre impuestos
- Contrato laboral indefinido

7 Javier Escribano ha escrito esta carta en respuesta al anuncio anterior. Complétala con las palabras que faltan. Puedes fijarte en las cartas que aparecen en la página 136 del *Libro del alumno*.

de febrero | de sus noticias | a Valencia | para perfeccionar | a ustedes
en 1995 | en "La Vanguardia" | durante seis meses | de trabajo | desde entonces

Javier Escribano Cortés
Calle de San Justo, nº 9
41001 Sevilla

Sevilla, 9__________ de 2000

Estimados Sres.:

Me dirijo__________ con motivo de la oferta __________ aparecida __________ el 7 de febrero. Como podrán comprobar por los documentos adjuntos, me licencié en Económicas por la Universidad de Barcelona __________. El mismo año fui a Estados Unidos __________ mi inglés en la Universidad de Bostón. En 1996 hice unas prácticas __________ en el Estudio Bogas Arquitectos de Barcelona. Al año siguiente me trasladé __________ donde trabajé en el Departamento de Contabilidad de la empresa Arana S.A. hasta 1998, fecha en la que me incorporé como contable en la empresa Abogados Pereira de Sevilla, donde trabajo__________.

En espera __________, les saluda atentamente,

Javier Escribano

8 **A.** Escribe los adjetivos que corresponden a los sustantivos.

el dinamismo:	***dinámico/a***
la creatividad:	
la organización:	
la flexibilidad:	
la amabilidad:	

la responsabilidad:	
la paciencia:	
la simpatía:	
la profesionalidad:	
la timidez:	

B. Imagina que tienes que compartir tu despacho con alguien. ¿Qué tres cualidades valoras más?

9 ¿**Ser** o **tener**? Escribe estas cualidades en la columna que les corresponde.

dotes de mando · iniciativa · responsable · facilidad para las relaciones humanas · mucha experiencia · amable · organizado · buena presencia · buen comunicador · paciente · capacidad de decisión · creativo · educado

SER	TENER

10 **A.** Escribe en un papel tres cualidades y tres defectos que crees que tú tienes. No escribas tu nombre. Al acabar, entrega el papel a tu profesor.

Cualidades: ***Soy bastante...***

Defectos: ***No tengo...***

B. Lee el papel que te ha entregado el profesor y, con tu compañero, intenta averiguar de quién es.

11 **A.** Fíjate en estas personas. ¿Quién crees que es la persona más...?

trabajador/a	inteligente	guapo/a	deportista	simpático/a	rico/a	serio/a

1. *La más trabajadora es la que...*
2. ______________________
3. ______________________
4. ______________________
5. ______________________
6. ______________________
7. ______________________

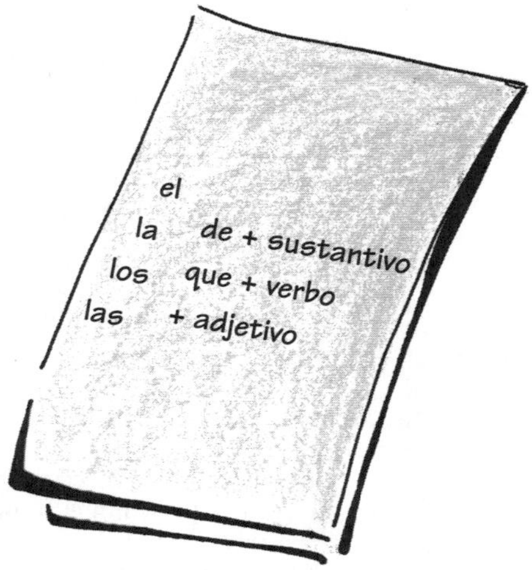

B. Coméntalo con tu compañero.

✧ Yo creo que la más trabajadora es la que está con las flores.
★ ¿La de las gafas?
✧ Sí.
★ Pues yo creo que el más trabajador es el de la cámara.

12 A. Completa las frases.

1. Trabajé en la editorial "Gaviota"_______ 1995_______1997.
2. ______ dos años fui a Miami.
3. Viví en Buenos Aires ______ 85 _____ 89.
4. Trabajo como arquitecto ______ 1995.
5. Vendí mis acciones ______ tres semanas.
6. Te esperaré en el bar ______ las 11; sé puntual.
7. Estudio español ______ el año pasado.
8. Fue directora de la empresa _____1992 ______ 1994.

B. Ahora habla de ti. Termina las frases. Utiliza **hace**, **desde** o **hasta**.

1.	Por las mañanas trabajo/estudio...
2.	Vivo en esta ciudad...
3.	Empecé a estudiar español...
4.	Hoy trabajaré/estudiaré...

13 Busca a un compañero de clase que ayer...

	¿QUIÉN?
1. Hizo deporte	
2. Se acostó tarde	
3. Fue al cine	
4. Estudió español	
5. Visitó una exposición	
6. Leyó el periódico	
7. Vio la televisión	
8. Cenó fuera de casa	
9. Hizo algo especial	
10. Estuvo en casa de algún amigo	

✧ ¿Hiciste deporte ayer?
★ Sí, jugué al tenis. ¿Y tú? ¿Hiciste deporte?
✧ No, yo no.

14 A. Completa la historia de la empresa Chupa Chups con los verbos que faltan en pasado.

tener	suministrar	alcanzar	hacer	nacer	empezar	ser	ganar	decidir	crear

UNA HISTORIA MUY DULCE

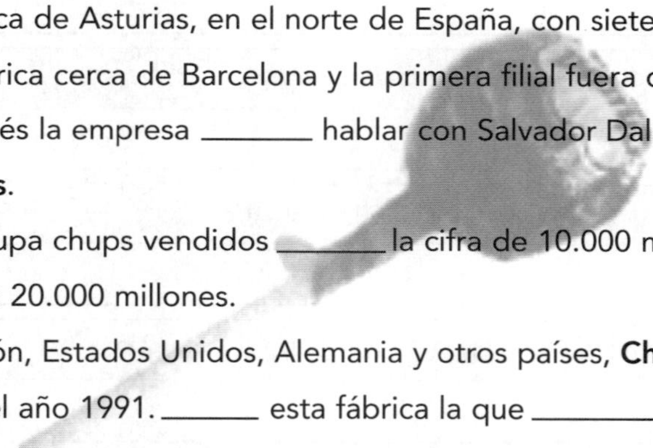

Todo empezó en 1957, cuando Enric Bernat, fundador y presidente de **Chupa Chups** S.A., tuvo la idea del caramelo con palo para que los niños no se ensuciaran las manos. Al año siguiente, **Chupa Chups** ______ en la fábrica de Asturias, en el norte de España, con siete sabores diferentes.

En 1967 se abrió otra fábrica cerca de Barcelona y la primera filial fuera de España, en Perpignan (Francia). Dos años después la empresa ______ hablar con Salvador Dalí, quien ________el famoso logotipo de **Chupa Chups**.

En 1979 el número de chupa chups vendidos ______ la cifra de 10.000 millones y nueve años más tarde la cifra fue doblada: 20.000 millones.

Tras abrir fábricas en Japón, Estados Unidos, Alemania y otros países, **Chupa Chups** ________ su producción en Rusia, en el año 1991. ______ esta fábrica la que ______ los primeros chupa chups consumidos en el espacio, enviados a la estación MIR a petición de los cosmonautas.

En 1993, con 30.000 millones de chupa chups vendidos en todo el mundo, Enric Bernat ______ realidad su sueño: producir chupa chups en China. Al cabo de cuatro años, la empresa ________ el premio a la Excelencia Empresarial reconociéndose así toda una labor dedicada a endulzarnos la vida.

B. Escucha la historia y corrige.

C. Vuelve a leer el texto y escribe el año exacto en que ocurrieron estos hechos.

	AÑO
1. Apertura de la fábrica de Asturias	
2. Conversaciones con Salvador Dalí para el diseño del logotipo de Chupa Chups	
3. Las ventas de chupa chups alcanzan los 20.000 millones	
4. Premio a la Excelencia Empresarial	

15 Construye frases. Puede haber más de una posibilidad.

1. Empecé a trabajar en Argentina en 1995. En 1997 me trasladaron a Chile.

   Empecé a trabajar en Argentina en 1995 y al cabo de dos años me trasladaron a Chile.

2. Nos casamos en el 97. En el 98 tuvimos nuestro primer hijo.

3. Compré el coche el lunes. Tuve un accidente el jueves.

4. Salió del trabajo a las 7. Llegó a su casa a las 9.

5. Empecé a buscar trabajo en mayo. Encontré trabajo en mayo.

6. Hice la entrevista en abril. Me dieron el puesto de trabajo en junio.

7. Inauguraron la primera oficina en 1994. En 1997 abrieron tres sucursales.

8. Compré el piso en 1992. Lo vendí en 1999.

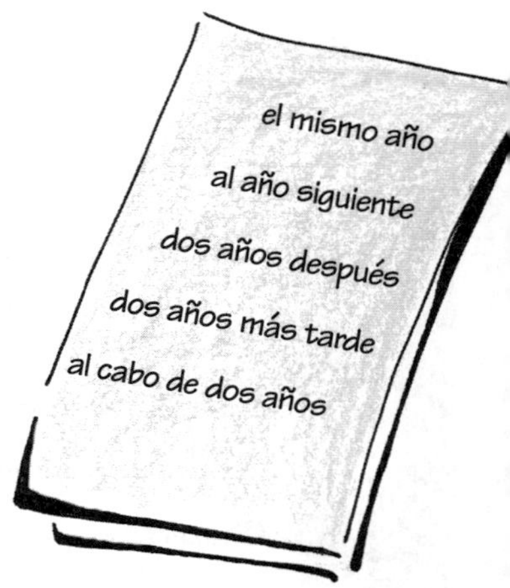

16 **A.** Aquí tienes una serie de acontecimientos importantes en la historia reciente de España. Entre ellos, hay tres que no son verdad. Coméntalo con tu compañero.

- En 1970 se celebraron las primeras elecciones democráticas después de casi 40 años de dictadura.
- En 1978 se aprobó por referéndum la Constitución.
- El 23 de febrero de 1981 hubo un intento de golpe de Estado.
- En 1982 se celebró el Mundial de Fútbol.
- En 1982 el Partido Socialista Obrero Español ganó las elecciones.
- En 1983 José Luis Garci recibió el Oscar de Hollywood a la mejor película en lengua no inglesa por "Volver a empezar".
- En 1985 España firmó el tratado de adhesión a la Comunidad Económica Europea (hoy Unión Europea).
- En 1986 la firma americana Ford compró la empresa española SEAT (Sociedad Española de Automóviles de Turismo).
- En 1992 se celebraron dos acontecimientos: la Exposición Universal en Madrid y los Juegos Olímpicos en Barcelona.
- En 1996, después de casi 14 años en la oposición, ganó las elecciones generales el Partido Popular.

B. Ahora escucha y comprueba.

17 Escribe en pocas líneas tu biografía. Incluye una mentira. Léela para toda la clase. Tus compañeros tendrán que descubrir la mentira.

Nací en Perú en 1965.
Al cabo de cinco años me trasladé con mi familia a Alemania.
Empecé la Carrera de Ciencias Políticas en 1997.
Me casé al cabo de dos años.

✧ No naciste en Perú.
★ Lo siento. Sí nací en Perú.
✧ No te casaste en 1999.
★ Exacto, no estoy casado.

18 Aquí tienes un modelo de currículum vitae. Complétalo con tus datos.

CURRÍCULUM VITAE

Nombre y apellidos: ....

Lugar y fecha de nacimiento: ....

Dirección: ....

....

Teléfono: ....

Estudios: ....

....

....

Idiomas: ....

....

....

Experiencia profesional: ....

....

....

....

Otros: ....

19 ¿Crees que cumples los requisitos para realizar alguno de estos trabajos? ¿Por qué?

SE NECESITA PARA RESTAURANTE EN **MADRID**
(CAPACIDAD 30 CUBIERTOS)

AYUDANTE
JEFE DE COCINA

- Edad entre 20 y 40 años.
- Cocina creativa y de autor.
- Posibilidad de triunfar en Madrid.
- Condiciones económicas a convenir.

Escribir enviando currículum vitae a c/. Alberto Alcocer, 29, 28036 Madrid

---

PARA TIENDAS DE MUEBLES EN BARCELONA Y SANT CUGAT

DEPENDIENTAS

SE OFRECE:
- Magnífico ambiente de trabajo.
- Buena remuneración.
- Formación continuada.
- Promoción a corto plazo.
- Incorporación inmediata.

SE REQUIERE:
- Responsabilidad.
- Ambición.
- Ganas de trabajar.
- Buena presencia.
- Nivel cultural medio.

Se valorarán conocimientos de dibujo.
PRESENTARSE: **Lunes 17 de mayo de 11 h. a 13 h. en:**
Rosellón nº 498 BARCELONA

Compañía de Telecomunicaciones precisa:

COMERCIALES

Se requiere:
- Preferible experiencia comercial.
- Acostumbrado al trato nivel gerencia.
- Edad 24 a 50 años, ambos sexos.

Se ofrece:
- Alta S.S. Formación a cargo de la empresa.
- Sueldo fijo + comisiones.

Interesados enviar C.V. + foto al Apartado de Correos nº 36.171 A.P. 08080 Barcelona

---

COCTELERIA PRECISA

CAMARERO/A

Con experiencia

Interesados presentarse el martes a las 13 horas en Coctelería Smart. Puerto Olímpico. 93-200-02-45

PRECISAMOS

VENDEDORES

PARA LAS SIGUIENTES PROVINCIAS:
NAVARRA - VIZCAYA - LA RIOJA - LEON - CANTABRIA TOLEDO - MADRID - BURGOS - GUADALAJARA CIUDAD REAL - ASTURIAS - CUENCA - ALBACETE

SI ES USTED:
- Dinámico, trabajador nato, constante y además comunicativo.
- Si desea triunfar en el campo de las relaciones humanas.
- Con vehículo propio y teléfono.

OFRECEMOS:
- Productos tangibles y necesarios.
- Formación especializada por parte de la empresa.
- Se valorará experiencia en ventas en el campo industrial.
- Apoyo constante en zona.
- Oportunidad de promoción.
- Seguro de enfermedad y accidentes.

SI ESTA SEGURO DE SER UNO DE NUESTROS CANDIDATOS, LLAME MAÑANA LUNES DIA 17 AL TELÉFONO GRATUITO 900.122.101, DE 9 A 13.30 Y DE 16 A 19 HORAS.

LAS PERSONAS QUE ESTÉN INTERESADAS EN ESTE ANUNCIO Y NO RESIDAN EN ESTAS PROVINCIAS, ROGAMOS NOS ENVIEN CURRICULUM VITAE AL APARTADO 31.174 DE MADRID.
CONTESTAREMOS TODAS SUS CARTAS.

RICO

Selecciona:

PROGRAMADOR/A

Requisitos:
- Inglés hablado y escrito (medio/alto).
- Libre Servicio Militar.
- Disponibilidad para viajar.
- Edad entre 25 y 30 años.
- Experiencia mínima de 3 años acreditada en puesto similar.
- Formación Universitaria.

Se ofrece:
- Incorporación inmediata.
- Formación a cargo de la empresa.

No se descartarán candidatos por retribución.

Interesados/as enviar C.V. detallado con foto reciente, a la Ref. 470 de Publicidad Feixas. Apartado de Correos nº 23.267 - 08080 Barcelona

---

20 Imagina que estás buscando trabajo. Diseña un anuncio con la oferta de trabajo que te gustaría encontrar.

21 Observa en la página 143 del *Libro del alumno* cómo se conjuga el Pretérito Imperfecto y completa el cuadro.

	viajar	tener	vivir	ser	ir	ver
yo	***viajaba***		***vivía***	***era***	***iba***	***veía***
tú				***eras***		
él, ella, usted		***tenía***				
nosotros/as				***éramos***		
vosotros/as						***veíais***
ellos/as, ustedes					***iban***	

22 Aquí tienes dos fotos de Ángel. ¿Qué cosas han cambiado en su vida? Escríbelo.

Antes era estudiante, ahora es informático y trabaja desde casa.

ANTES...

(ser) estudiante

su ídolo (ser) «Che» Guevara

(jugar) al fútbol

(escuchar) a los Beatles, los Rolling Stones

(ser) idealista, (tener) muchos sueños

(tener) menos cosas y mucho tiempo

(leer) literatura hispanoamericana

(beber) «Cuba Libre», Coca-Cola con ron cubano

(navegar) por los mares del mundo

AHORA...

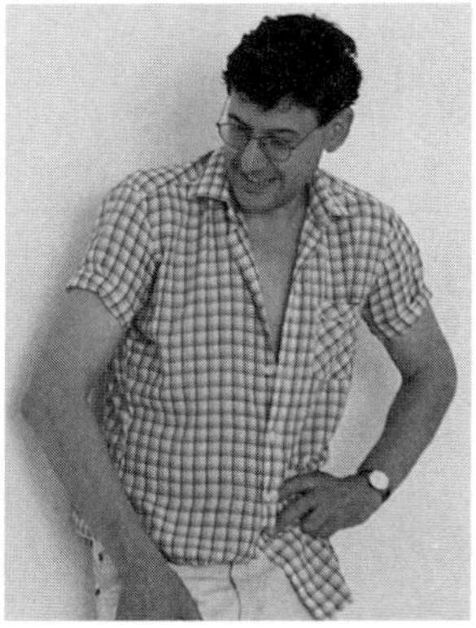

(ser) informático y (trabajar) desde casa

su ídolo (ser) Bill Gates

(jugar) al golf

(escuchar y bailar) salsa

(ser) realista

(tener) muchas cosas y poco tiempo

(leer) libros de informática

(preferir) whisky

(navegar) por Internet

23 A. Felisa nació en julio de 1907 en Laguna de los Padres, Argentina.
Cuenta la vida de Felisa cuando tenía 25 años.

Cuando Felisa tenía 25 años vivía con la familia en Mar del Plata.

* (vivir) en el barrio de Peralta Ramos.

* Su marido Miguel (ser) de Montevideo, la capital de Uruguay.

* Felisa y Miguel (tener) una hija de 5 años.

* Miguel (trabajar) en una empresa de conservas de pescado.

* Felisa (trabajar) en casa: (preparar) la comida, (lavar), (limpiar).

* La hija, Silvia, (llegar) del colegio y las dos (almorzar) en casa todos los días a la una.

* Miguel (almorzar) en su trabajo.

* Por las tardes Felisa y Silvia (ir) casi siempre a la playa Bristol.

* La familia (cenar) todas las noches a las diez.

B. Imagina cómo es la vida de Felisa hoy en día.

C. Pregunta a una persona mayor que conoces bien cómo vivía antes y apúntalo. Después explícalo a tus compañeros.

COMPRUEBA TUS CONOCIMIENTOS

1 Elige la opción más adecuada.

1. La facturación ha descendido __________ la crisis del sector.
☐ a. en consecuencia ☐ c. porque
☐ b. en cambio ☐ d. debido a

2. ______ he acabado el informe porque no he tenido tiempo.
☐ a. Todavía ☐ c. Ya
☐ b. Todavía no ☐ d. Ya no

3. Para tener éxito en una empresa ______ contar con buenos profesionales.
☐ a. hay que ☐ c. es mejor que
☐ b. tienes ☐ d. primero

4. ✧ ¿Has cambiado de trabajo ________?
★ Sí, ______________ .
☐ a. nunca/muchas veces ☐ c. nunca/alguna vez
☐ b. alguna vez/ya ☐ d. alguna vez/muchas veces

5. Europair está en crisis porque no ofrece ______ competitivos.
☐ a. gastos ☐ c. profesionales
☐ b. precios ☐ d. mercados

6. Señor Jiménez, ¿ _______ darme los datos de su tarjeta de crédito?
☐ a. puedes ☐ c. podría
☐ b. podrías ☐ d. me podrías

7. Si puedes, _______ a la señora Cortés hoy mismo.
☐ a. llame ☐ c. llamará
☐ b. llama ☐ d. llamar

8. Me ha preguntado _____ he firmado el contrato esta mañana.
☐ a. si ☐ c. ya
☐ b. que ☐ d. cuándo

9. ¿Y la habitación doble con ________ cuánto cuesta?
☐ a. pensión ☐ c. media pensión
☐ b. alojamiento ☐ d. completa

10. Si mañana _______ tiempo, iremos al zoo.
☐ a. tendremos ☐ c. hemos
☐ b. tenemos ☐ d. vamos a tener

11. Lo siento, tenemos que _______ la reunión. Es que el director ha tenido que salir.
a. aportar c. aplazar
☐ b. facturar ☐ d. disponer
☐ ☐

12. Necesitamos los catálogos ____________ .
☐ a. urgente ☐ c. antes posible
☐ b. lo antes posible ☐ d. es posible

13. ✧ ¿Qué has hecho con la lámpara?
★ ___________ a un amigo.
☐ a. He regalado ☐ c. Se la he regalado
☐ b. Regálaselo ☐ d. Se lo he regalado

14. En 1998 ________ en Ciencias Políticas.
☐ a. me cambié ☐ c. me licencié
☐ b. me perfeccioné ☐ d. me trasladé

15. Mercedes ______ muy paciente y ________ iniciativa.
☐ a. tiene/es ☐ c. tiene/tiene
☐ b. es/es ☐ d. es/tiene

16. ✧ ¿Qué hiciste ayer?
★ ______ en una agencia de viajes para mirar las ofertas
☐ a. Estuvo ☐ c. Estuve
☐ b. Fui ☐ d. Fue

17. En junio terminó la carrera y _______ tres meses encontró trabajo.
☐ a. después ☐ c. más tarde de
☐ b. más tarde ☐ d. al cabo de

18. ✧ ¿Y qué tal fue la entrevista?
★ Pues muy _________ .
☐ a. fatal ☐ c. bien
☐ b. bastante bien ☐ d. regular

19. Trabajo en una multinacional __________ 1996.
☐ a. desde ☐ c. de
☐ b. hasta ☐ d. del

20. Me subieron el sueldo hace __________ .
☐ a. el año pasado. ☐ c. tres semanas.
☐ b. anteayer. ☐ d. en junio.

Resultado: __________ de 20

2 Lee el anuncio y marca con una cruz si las frases son verdaderas o falsas.

OFERTA ESPECIAL Salidas 29 junio y 6 julio (Todos los martes de julio a noviembre)

RUTA MAYA: México-Guatemala-Belice

Salidas Garantizadas
Mínimo dos personas

Alojamiento y Desayuno

16 días 995 €

TODOS LOS LUNES EN TU AGENCIA DE VIAJES PREGUNTA POR "EL RINCÓN DEL VIAJERO" **TODAS LAS OFERTAS ACTUALIZADAS DE ÚLTIMA HORA**

Incluye visitas con guía oficial: Chichén-Itzá, Uxmal, Agua Azul, San Juan Chamula, Santiago Atitlán, Tikal, Tulum

INCLUYE: Avión Charter Madrid-Cancún-Madrid • Avión regular para el trayecto Guatemala-Flores • Hoteles***/****/***** • Guías locales durante todo el recorrido • Transporte terrestre en todo el circuito • Entradas en todas las visitas señaladas • Guía viajero "Ruta Maya" • Seguro de viaje

viajes Sol

Con la Garantía de: MUNDI Turismo

Información y reservas en más de 6.000 agencias de viajes

	Verdad	Mentira
1. La oferta incluye habitación y desayuno.		
2. Los vuelos salen de Barcelona.		
3. Incluye un seguro de viaje.		
4. Todos los hoteles son de 4 estrellas.		
5. Viajes Sol tiene más de 6.000 oficinas.		
6. Las salidas son los martes.		
7. Hay una oferta especial para el 29 de junio y el 16 de julio.		
8. Las visitas con guía oficial están incluidas en la oferta.		
9. Es una oferta para visitar México durante 16 días.		
10. Ofrecen este viaje durante todo el año.		

Resultado: ________ de 10

3 Escucha la entrevista que hacen en la radio a Lola Fernández, propietaria de la cadena de librerías "El Parnaso". Escribe cuándo hizo estas cosas.

	¿CUÁNDO?
1. Trabajó en la compañía de teatro "Pimpilimpausa".	
2. Se trasladó a Londres.	
3. Trabajó en una galería de arte en Nueva York.	
4. La nombraron directora de la fundación "Jóvenes artistas".	
5. Fundó la cadena de librerías "El Parnaso".	

Resultado: ________ de 10

4 Has visto una oferta de trabajo interesante en el periódico. Escribe una carta de presentación con todos los detalles sobre tus estudios y tu experiencia laboral.

Resultado: ________ de 10

Total: ________ de 50

Transcripción

Unidad 1
En clase de español

4. Escribe las palabras que oyes y marca la sílaba tónica.

1. apellido
2. taxi
3. farmacia
4. nacional dad
5. pasaporte
6. gracias
7. metro
8. servicios
9. trabajo
10. silla

5. Escucha y toma nota del asiento de cada pasajero.

1

✧ Buenos días. Asiento 13 A, señor.

2

✧ Buenos días. A ver, el 19 E es hacia la mitad a la derecha.
★ Muy amable.

3

✧ Hola. Asiento 4 E. Aquí al lado.
★ Vale.

4

✧ Buenos días. El 10 G.
★ ¿Cuál?
✧ El 10 G.
★ Ah, 10 G. De acuerdo.
✧ Buen viaje.

5

✧ Hola, buenos días. Su asiento es el 8 F. Está a la izquierda.
★ Vale. Gracias.

6

✧ A ver, asiento 16 B.
★ ¿Perdón? ¿16 qué?
✧ Sí, 16 B.
★ Ah. Vale.
✧ Buen viaje.

7

✧ Hola, buenos días. 20 H, más adelante.
★ Muy bien.

8

✧ Hola, buenos días.
★ Buenos días.
✧ Asiento 1 A, señora. Es aquí mismo.
★ Ah, muy bien, muchas gracias.
✧ Buen viaje.

9

✧ Hola, buenos días.
★ Buenos días.
✧ A ver, 4 C. Aquí a la derecha.
★ Muy amable.
✧ Buen viaje.

7. Escucha y comprueba los números.

1

✧ Bienvenido al servicio de Información de Telefónica. Le atiende Roberto Matte. ¿En qué puedo ayudarle?
★ Por favor, ¿el Hotel Continental, de Zaragoza?
✧ Sí, tome nota: nueve, siete, seis, dos, uno, cuatro, cinco, nueve, ocho.

2

✧ Bienvenido al servicio de Información de Telefónica. Le atiende Ana Ocón. ¿En qué puedo ayudarle?
★ Por favor, ¿el teléfono del Hotel MiraSol, de Málaga?
✧ A ver, sí, tome nota: nueve, cinco, siete, tres, cero, cero, cero, nueve, seis.

3

✧ Bienvenido al servicio de Información de Telefónica. Le atiende Sonia García. ¿En qué puedo ayudarle?
★ Hola, quisiera un número telefónico de Sevilla, el Hotel InterAmérica.
✧ Un momento, por favor. Anote: nueve, cuatro, dos, tres, seis, cero, cero, dos, cuatro.

4

✧ Bienvenido a Información de Telefónica. Le atiende Anastasio Sánchez. ¿En qué puedo ayudarle?
★ Sí, por favor, ¿el teléfono del Hotel Victoria, de Madrid?
✧ Tome nota: nueve, uno, tres, cuatro, cero, cero, dos, dos, dos.

5

✧ Bienvenido al servicio de Información de Telefónica. Le atiende Alicia Martínez. ¿En qué puedo ayudarle?
★ Hola, buenos días. Por favor, ¿podría darme el teléfono del Hotel Murrieta, de San Sebastián?
✧ Aquí lo tiene. Tome nota: nueve, cuatro, tres, dos, ocho, nueve, cero, nueve, nueve.

9. Escucha y anota en qué orden dice los nombres.

1

¡El señor Céspedes, por favor!

2

Señora Zúñiga, Maite Zúñiga, pase por recepción, por favor.

3

✧ ¿Señor Cifuentes?
★ Sí, soy yo.
✧ Tiene una llamada.

4

¡Señor Quesada! ¡Señor Quesada!

5

✧ Perdone, ¿es usted el señor Zárate?
★ Sí.

6

Señor Calderón, por favor. Tiene una llamada.

7

¡Señor Mendoza, Ramón Mendoza!

8

A ver, perdonen señores, estoy buscando al señor Queralt, Carlos Queralt.

9

¡Señor Castillo! ¡Señor Castillo!

10

✧ ¡La señora Quintana!
★ Sí, yo misma.
✧ ¿Podría acompañarme? Tiene que rellenar unos papeles.

11

¡Señor Cuerda, Ricardo Cuerda!

12

✧ A ver, la señora Cortés.
★ Sí, soy yo. ¿Qué pasa?

14. Escribe el orden en que oyes estos países deletreados.

1.
G - U - A - T - E - M - A - L - A

2.
B - R - A - S - I - L

3.
U - R - U - G - U - A - Y

4.
H - O - N - D - U - R - A - S

5.
B - O - L - I - V - I - A

6.
A - R - G - E - N - T - I - N - A

7.
V - E - N - E - Z - U - E - L - A

8.
M - E - X - I - C - O

2 Unidad 2
Datos personales

5. Escribe si usan "tú" o "usted".

1. Luisa, ¿tienes fax?
2. Perdone, ¿cuál es su apellido, por favor?
3. ¿Me das tu número de teléfono?
4. ¿A qué se dedica, señora Pueyo?
5. ¿Cuántos años tienes?
6. ¿Dónde trabaja?
7. Martina, ¿dónde vives?
8. ¿Usted es el jefe de Ventas?
9. ¿Y usted dónde vive?

8. Escucha y toma nota del número de fotocopias que tienen que hacer de cada documento.

✧ Bueno, a ver, del contrato con los distribuidores hay que hacer quince fotocopias.
★ Espera un momento, que lo apunto: del contrato, quince. ¿Qué más?
✧ Del programa del curso de formación son cincuenta fotocopias.
★ Vale, cincuenta fotocopias.
✧ De la factura de la impresora hay que hacer sólo dos fotocopias.
★ Ajá.
✧ A ver, también hay que hacer fotocopias del memorándum de la consultora. Eh... Son treinta fotocopias.
★ A ver, treinta de esto, de acuerdo.
✧ También hay que fotocopiar este dossier, son cuarenta y cinco fotocopias.
★ Del dossier, cuarenta y cinco.
✧ Y esto es lo último: del presupuesto, quince fotocopias.
★ Muy bien, pues ahora mismo te las hago.

9. Escucha y marca si es una interrogación o una afirmación.

1. Son abogados.
2. Estudia Medicina.
3. ¿Es taxista?
4. ¿Trabaja en un supermercado?
5. Hace gimnasia.
6. ¿Trabaja en la televisión?
7. Vive en el segundo piso.
8. ¿Son vendedores?

19. Escucha las preguntas y señala cuál de las dos respuestas es la correcta.

1. Y tú, Nuria, ¿en qué piso vives?
2. Señor Ortega, ¿me da su dirección, por favor?
3. Y vosotros, ¿qué hacéis?
4. ¿Ana y Ricardo qué hacen?
5. Perdón, señor Mateos, ¿usted dónde trabaja?
6. Oye, ¿Manolo a qué se dedica?

3

Unidad 3
El mundo de la empresa

2. Escucha las siguientes palabras y colócalas en la columna correspondiente.

tengo
exportar
vendéis
está
hacemos
produce
producir
tiene
vives
compramos
exportáis
decidir
diseña
compráis
moto
japonés
griego
sucursal

4. Escucha los siguientes nombres, repítelos y escríbelos.

teléfono
laboratorio
tecnología
hotel
petróleo
café
compañía
industria
academia
nacionalidad
ecología
supermercado
hospital
restaurante
producción
internacional
alcohol

9. Escucha las preguntas y marca las respuestas.

✧ Bienvenidos al programa "Hablando de empresas".
★ Tenemos hoy con nosotros al señor Luis Chamorro, para que nos explique algunas cosas de su empresa... Buenos días, señor Chamorro, ¿cómo está?
◆ Muy bien... muchas gracias.
★ Bueno, voy a hacerle algunas preguntas para que nuestros oyentes conozcan su empresa.
◆ Perfecto.
★ ¿Cómo se llama su empresa?
◆ Pues mi empresa, bueno, nuestra empresa, porque somos varios socios, se llama INFOMUNDIAL.
★ Y ¿qué tipo de empresa es? ¿Qué fabrica?
◆ Fabricamos programas informáticos de seguridad para empresas.
★ ¿Y tienen muchos clientes?
◆ Ahora mismo tenemos 200 clientes, principalmente empresas de informática, pero pensamos introducirnos en el sector de las empresas que venden por Internet.
★ Mmm. ¿Cuántos empleados tiene?
◆ Somos una empresa pequeña; alrededor de unas 50 personas.
★ Y para terminar, ¿dónde está?
◆ Estamos en Barcelona, en la Avenida Diagonal 570.
★ Muy bien, pues muchas gracias señor Chamorro, y mucha suerte.
◆ Gracias a ustedes.

10. Escucha y comprueba.

doscientos veinticinco hoteles

cuatrocientas noventa y nueve sucursales

quinientas treinta fábricas

ciento quince bancos

trescientos setenta y cinco ordenadores

setecientos ochenta y cuatro aviones

ochocientos cincuenta supermercados

novecientos coches

seiscientos cuarenta y dos hospitales

16. Escucha estas frases y marca en el cuadro la persona gramatical de cada una.

1. Tenemos muchos clientes en el sector del automóvil.
2. Tienen sucursales en Argentina, Brasil y Chile.
3. ¿Estudias o trabajas?
4. Exportan relojes.
5. ¿Qué vendéis?
6. Quiero crear una cadena de hoteles.
7. Trabajo en una empresa automovilística.
8. Y vosotros, ¿qué empresa queréis crear?
9. ¿A qué te dedicas?
10. ¿Qué fabricáis?

1 2 3

Unidades 1, 2, 3
Comprueba tus conocimientos

3. Completa la ficha con los datos de Ana.

✧ Hola buenos días.
★ Buenos días. Quería solicitar un crédito.
✧ Muy bien. Primero necesito saber sus datos personales. ¿Su nombre, por favor?
★ Ana, Ana Comas Torres.
✧ ¿Perdón? ¿Sus apellidos?
★ Comas Torres.
✧ Gracias, señora Comas. ¿Su dirección, por favor?
★ Sí, vivo en Barcelona. En la calle París, número 15.
✧ Calle París, número 15, Barcelona. Muy bien. ¿A qué se dedica?
★ Trabajo en un hotel. Soy recepcionista.
✧ Disculpe. ¿Está casada?
★ No. Soltera.
✧ ¿El crédito estará sólo a su nombre?
★ Sí, sí.
✧ También necesitamos saber su edad. ¿Cuántos años tiene?
★ Veintisiete.
✧ Muchas gracias. Si me firma aquí...

4

Unidad 4
Le presento al director general

2. Escucha este diálogo y escribe los adjetivos que utilizan para hablar de Ana Garrigues.

✧ ¿Qué tal, Manuela?
★ Pues... bien, mira, aquí, ¿qué me cuentas?
✧ Vengo de conocer a la nueva abogada. ¿La conocés?
★ Sí, me la han presentado hace un momento. Ana, ¿no? Una mujer muy simpática... muy guapa y muy simpática.
✧ Sí, la verdad es que sí, es muy amable y también me dijeron que es muy competente y muy trabajadora.
★ Bueno, ya veremos... Oye, por cierto, me han contado que nos cambian de despacho el próximo miércoles. ¿Sabes algo?

6. Escucha a Rosa y completa el árbol genealógico.

✧ Pues... mis padres se llaman Luis y Margarita. Tengo dos hermanos, bueno, un hermano, Antonio, y una hermana, Elena, que está casada.
★ ¿Son mayores que tú?
✧ Sí, yo soy la pequeña. Antonio tiene 40 años, Elena, 37, y yo 30.
★ ¿Y estás soltera?
✧ Sí, y ahora estoy viviendo con mis padres, pero estoy buscando piso porque quiero vivir sola.
★ Y tu hermana Elena... ¿tiene hijos?
✧ ¡Sí! Tengo dos sobrinos: Miguel, que tiene 10 años, y Elvira, de 5; me encantan, me lo paso muy bien con ellos.
★ ¿Y tienes más familia?
✧ Sí, claro, tíos, y primos, y bueno, mi abuelos, los padres de mi madre, Vicente y Amparo... Ah, y mi cuñado, Paco, el marido de Elena.

8. Escucha cómo suenan las letras r y rr en estas palabras.

aburrido
presento
libro
correspondiente
director
divertido
general
recepción
señor
Enrique
Israel
responsable
serio
ruso
compañero

13. Escucha estas presentaciones y marca si se usan las formas correspondientes a tú, vosotros, usted o ustedes.

1. Juan, te presento a Ana, la hija de Miguel.
2. Luis, Pedro, os presento a Alberto; un compañero de trabajo.
3. Señora Luzón, mire, le presento a Pablo; es el marido de Carmen.
4. Señor Aguirre, le presento a Ana Urruti y a Luis Delgado; son los abogados de la empresa.
5. Alicia, te presento a unas amigas, Ángela y Sara.
6. Señor y señora Rodríguez, les presento a la señora Mateos; es la responsable de Marketing.

15. Escucha y reacciona.

1. ¡Adiós, hasta mañana!
2. Hola. Buenas noches.
3. Ella es Ana, mi compañera de piso.
4. ¡Adiós, buenas tardes!
5. Le presento al señor Vera, nuestro jefe de Marketing.
6. ¡Hola! ¿Qué tal?
7. Te presento a Ricardo Gracia; es el nuevo responsable de la zona sur.
8. ¡Venga, hasta luego!

5

Unidad 5
De gestiones

2. Escucha estos diálogos y completa los cuadros.

1

✧ Oye, perdona, ¿qué hora es?
★ Las siete y cuarto.
✧ Gracias.

2

✧ Disculpe, ¿puede decirme la hora?
★ Sí, a ver... las tres y veinti... Bueno... las tres y media.

3

✧ Antonio, a cenar que es tarde.
★ ¿Qué hora es?
✧ Las diez menos cuarto..
★ Ah...

4

✧ Oiga, ¿tiene hora, por favor?
★ Mmm. Y veinte...
✧ ¿Las doce?
★ No, no, la una.
✧ ¡Ah! Muchas gracias. Qué tarde...

6. Escucha estas palabras y completa las dos listas.

tijeras
sobre
estanco
grapadora
kiosko
bolígrafo
clip
banco
restaurante
cafetería
hoja
rotulador
cine
farmacia

9. Escucha esta conversación y realiza las actividades.

A

✧ ¿Sí?
★ Hola cariño, soy yo.
✧ Ah, hola.
★ Mira que te llamo porque no encuentro las llaves del coche.
✧ ¿Las llaves del coche? Pues seguro que están donde siempre, al lado del teléfono.
★ No, no están.

C

✧ ¿Sí?
★ Hola cariño, soy yo.
✧ Ah, hola.
★ Mira que te llamo porque no encuentro las llaves del coche.
✧ ¿Las llaves del coche? Pues seguro que están donde siempre, al lado del teléfono.
★ No, no están.
✧ Pues... no sé, mira por encima del escritorio.
★ Tampoco están.
✧ ¿Tampoco? ¿Seguro que no están detrás del ordenador?
★ No.
✧ Oye pues no sé, pues... Ah, ya está. Mira, seguro que las llaves están en el cajón del escritorio.
★ Que no, que no están.
✧ A ver, pero... ¿has mirado debajo de la alfombra?
★ Síííí...
✧ ¿Y qué?
★ ¿Cómo que y qué? ¡Que no están! ¡Que no las encuentro!
✧ Pedro.
★ ¿Qué?
✧ Espera, espera, que creo que las tengo yo. Ay, sí, mira, están en mi bolso.

12. Escucha las palabras y ponlas en la columna adecuada.

Guipúzcoa
Jerez
Galicia
Santo Domingo
Gijón
Santiago
Cartagena
Jerusalén
Río de Janeiro
Los Ángeles
Bogotá
Málaga

6

Unidad 6
Locales y oficinas

2. Escucha la conversación y responde a tus preguntas.

✧ TORRES, buenos días.
★ Hola buenos días. Llamaba por el anuncio de un piso para alquilar...
✧ Perdón, ¿me podría decir la referencia, por favor?
★ Sí, la 24/62.
✧ A ver, sí..., aquí está. Es un edificio antiguo, pero el piso es nuevo, tiene un año escaso y bueno, está muy bien, es

precioso... Tiene 110 metros cuadrados, 3 habitaciones dobles muy espaciosas; la cocina está totalmente amueblada; y el salón tiene 35 metros cuadrados.
★ ¿Qué piso es?
✧ A ver... un momento: un tercero.
★ ¡Ah! Y tiene ascensor, ¿no?
✧ Sí, claro.
★ ¿Y dónde está?
✧ Está muy cerca del metro, al lado de la Plaza de España.
★ Es que no soy de Bilbao, ¿por dónde está eso?
✧ Bueno, está en el centro; justo delante de la estación de Abando. Muy bien comunicado. Además del metro hay muchos autobuses.
★ ¿Cuánto cuesta?
✧ 950 euros.
★ ¿950? Pues quiero verlo.

5. Escucha y completa las palabras.

1. prefiero
2. pueden
3. prefieres
4. quieres
5. vuelves
6. podemos
7. volvéis
8. preferimos
9. quieren
10. podéis
11. vuelve
12. quiero

6. Escribe las palabras en la casilla correspondiente.

siete
vivienda
nuestro
mueble
tienda
cuenta
nueve
puerta
griego
cliente
escuela
fiesta

Unidades 4, 5, 6
Comprueba tus conocimientos

3. Escucha los diálogos y escribe dónde están los establecimientos y los objetos.

1

✧ Perdone. ¿Hay una oficina de Correos cerca de aquí?
★ Sí, al final de esta calle.
✧ Muy amable. Gracias.

2

✧ Perdona, ¿hay una farmacia por aquí?
★ Sí, al lado de la estación.

3

✧ Oye, ¿sabes dónde está la foto-copiadora?
★ Sí, mira, ahí, enfrente de los ascensores.
✧ Gracias.

4

✧ Perdona, ¿las tijeras?
★ Sí, mira, debajo de los libros.
✧ Ay, es verdad, gracias.

5

✧ Perdone, ¿el hotel Gallery?
★ Sí, detrás del museo.
✧ Muchas gracias.

Unidad 7
Agenda de trabajo

5. Escucha, marca con una cruz los lugares por los que pregunta Mª Ángeles, y completa el cuadro.

✧ Oficina de Atención al Ciudadano. Buenos días. Le atiende María Rosa. ¿En qué puedo ayudarle?
★ Hola. Buenos días. Mire, necesito saber a qué hora abren la oficina de turismo. Es que necesito recoger unos folletos para unos amigos que vienen de Alemania a pasar unos días.
✧ Abren todos los días excepto los lunes. De 10 a 2 y de 4 a 7 de la tarde.
★ Dice usted que el lunes cierran... Vaya, justo pensaba ir el lunes. Bueno, pues muchas gracias. Oiga, ¿el Zoológico lo cierran también los lunes?
✧ A ver, un momento... Sí, también cierra los lunes por descanso del personal.
★ ¿Sabe usted el horario?
✧ A ver, el Zoo... de 10 de la mañana a 6 de la tarde.
★ Muy bien. Perdone, tengo otra pregunta.
✧ Sí. Dígame.
★ ¿Sabe usted si el Polideportivo Municipal abre los domingos?
✧ Un segundo... Sí, abre los domingos de 8 de la mañana a 10 de la noche.
★ ¿Y el resto de la semana?
✧ Igual que los domingos. También de 8 de la mañana a 10 de la noche.
★ ¿Y no cierran a mediodía?
✧ No, no cierran. ¿Necesita alguna otra información?
★ Eh... no, creo que no... Ah,

espere, ¿ustedes tienen información sobre la cámara de la propiedad urbana?
✧ Sí, ¿también desea saber el horario?
★ Sí, por favor.
✧ Pues la cámara tiene horario de oficina: de lunes a viernes, de 10 de la mañana a 2 y, por la tarde, de 4 a 6.
★ Vale, pues muchas gracias.
✧ Adiós.
★ Adiós.

9. Escucha estos verbos y marca a qué persona corresponden.

1. jugamos
2. pide
3. hacen
4. repito
5. te acuestas
6. cierra
7. empezáis
8. repetís
9. cierras
10. hago

12. Escucha y comprueba.

1

✧ Buenos días, ¿dígame?
★ Buenos días. Por favor, ¿el señor Olmos?
✧ ¿De parte de quién?
★ De María de la Torre.
✧ Un momentito...

2

✧ Editorial Cosmos, ¿dígame?
★ Buenas tardes. ¿Pueblo hablar con Marta Robles?
✧ Pues mire, en este momento está reunida. ¿Quiere dejarle algún recado?
★ Sí, por favor. Dígale que ha llamado Joaquín Pérez del Hotel Habana.
✧ Muy bien, se lo diré.

3

✧ ¿Sí?
★ Hola, ¿está Carmen?
✧ Sí, soy yo.
★ Hola, soy Jaime. ¿Qué tal?

4

✧ ¿Diga?
★ Hola, ¿está Agustín?
✧ No, en este momento no está. ¿Quieres dejarle algún recado?
★ Sí, dile que ha llamado Adelaida.
✧ Muy bien, se lo digo.
★ Gracias.

15. Escucha y responde.

1. ¿Qué día es hoy?
2. ¿Qué haces normalmente los sábados por la mañana?
3. ¿A qué hora terminas de trabajar?
4. ¿A qué hora te levantas?
5. ¿Qué día de la semana trabajas más?
6. ¿Estudias español por la noche?
7. ¿Vas al trabajo normalmente en coche?
8. ¿Tomas café por la mañana?

17. Escucha y repite.

Quito
pipa
Kiko
copa
Pepa
tapa
poca
taco
ocupa
gato
pato
toca

18. Escucha y escribe el número que corresponda.

1

¡Hola! No estoy en casa, o a lo mejor estoy en la ducha, o igual hasta estoy durmiendo. Bueno, lo que sea, pero no puedo atender el teléfono. O sea que ya sabes, deja tu mensaje después de la señal y te llamaré en cuanto pueda, ¿vale? Hasta luego.

2

Ha llamado a casa de los Pérez Revuelta. En este momento no podemos atenderle. Si quiere, nos puede dejar un mensaje después de la señal. Si es urgente, también puede llamarnos al móvil, 616 33 19 51. Gracias.

3

Ha llamado usted a Torres y Asociados. Nuestro horario de atención al público es de 10 a 2 y de 4 y media a 7 y media. Si quiere usted enviar un fax, puede iniciar la transmisión. Si quiere dejar un mensaje, hágalo después de oír la señal. Gracias.

8 Unidad 8
Citas y reuniones

12. Escucha la conversación y completa el cuadro.

✧ ¿Por qué no cenamos juntos esta noche?
★ Ah, vale, muy bien. ¿Tienes alguna idea? ¿Qué propones?
✧ Mira, hay un restaurante aquí al lado donde preparan un pescado buenísimo.
★ ¿Pescado?
✧ Ay sí, es verdad, que eres alérgica

al pescado.
★ Pues, sí, lo siento... ya sé que a ti te gusta mucho.
✧ Vaya. ¡Qué pena! Con lo bonito que es el restaurante. Tiene un salón enorme y la decoración es espectacular. Un poco caro, eso sí, pero vale la pena.
★ No sé. Mira, yo prefiero un restaurante más normal, más sencillo. Aquí cerca hay un restaurante vegetariano que está muy bien, a mí me gusta mucho.
✧ Ah, entonces eres vegetariana.
★ No, carne sí como, pero poca. Es que no me gusta mucho.
✧ Pues a mí, la verdad es que los restaurantes vegetarianos no me gustan demasiado. ¿Y un restaurante un poco más exótico? Uno asiático... suelen preparar platos vegetarianos.
★ Ay, no sé, no sé... la verdad...

19. Escucha y marca la palabra que oyes.

peso
fino
fila
pelo
modo
poca
harto
misa
bota
bala

20. Escucha y reacciona.

1. ¿Qué te gusta más el pescado, la verdura o la carne?
2. No me gusta la playa.
3. ¿Te apetece un café?
4. ¿La tortilla española lleva patatas?
5. Me encanta comer fruta.
6. ¿Qué prefieres: levantarte temprano y salir del trabajo pronto o dormir un poco más y salir del trabajo más tarde?
7. ¿Por qué no vamos al cine esta tarde?
8. ¿Qué es lo más importante para ti en un trabajo?

Unidad 9
Productos y proyectos

2. Escucha cómo se pronuncian estas palabras en español.

paté
chárter
bit
chic
bungalow
catering
flash
chef
leasing
cómic
dossier
jersey
barman
kilo
hobby
holding
master
frac
windsurf
jet-set
stand
boutique
marketing
jazz
parking

17. Escucha y marca las respuestas con una cruz.

1

Con Juanjo

✧ Oye Juanjo, ¿y Elena?
★ ¿Elena? ¿No está en su despacho?
✧ No, no está.
★ Ah pues... si no está en su despacho, seguro que está organizando la próxima feria de Valencia con la recepcionista. ¿No es la semana que viene?

2

Con la recepcionista

★ ¿Sí?
✧ Hola perdona. ¿Está ahí Elena contigo?
★ No, qué va. Aquí no está.
✧ Es que la estoy buscando y no...
★ Pues a lo mejor está en la sala de juntas hablando con la señora Fernández. Creo que tiene que hablar de un proyecto con ella.
✧ Gracias. Pues llamo a la sala de juntas.

3

Con la señora Fernández

★ ¿Sí?
✧ ¿Señora Fernández?
★ Sí, soy yo.
✧ Hola soy Carolina. Perdone, ¿está Elena con usted? Es que tengo que hablar con ella y no la encuentro...
★ No, no la he visto, pero sí que he visto al señor Ruiz esta mañana. Y creo que Elena lleva uno de sus proyectos, ¿no?
✧ Sí, creo que sí.
★ Pues me imagino que está comiendo con el señor Ruiz.
✧ Ah, bueno.

21. Escucha y marca de qué están hablando.

A

1. En la oficina la utilizan para hacer copias de documentos.
2. Las puedes leer en casa, en la calle, en el autobús... ¿Sabes cómo se llaman?

3. La usamos para organizarnos el trabajo.
4. Lo necesitamos para viajar al extranjero.
5. Normalmente las usan los hombres que llevan traje.
6. La gente que vive lejos de la ciudad lo necesita para ir al trabajo.
7. Los puedes comprar en una zapatería.
8. La usas para pagar.

B Ahora escucha y comprueba.

1

✧ En la oficina la utilizan para hacer copias de documentos.
★ Mmm... La fotocopiadora.
✧ Sí.

2

✧ Las puedes leer en casa, en la calle, en el autobús... ¿Sabes cómo se llaman?
★ ¿Las puedes leer o llevar?
✧ Leer, las puedes leer.
★ Ah, las revistas.

3

✧ La usamos para organizarnos el trabajo.
★ ¿La agenda?
✧ Exacto.

4

✧ Lo necesitamos para viajar al extranjero. Seguro que lo sabes. Es muy fácil.
★ Ah, ya está.
✧ ¿Qué es?
★ El pasaporte, ¿no?
✧ Sí. Muy bien.

5

✧ Normalmente las usan los hombres que llevan traje.
★ Está muy claro. Los gemelos.
✧ No. He dicho "las" usan. No "los" usan.
★ Ah, es verdad. Pues entonces ya lo sé. Las corbatas.
✧ Eso sí.

6

✧ La gente que vive lejos de la ciudad lo necesita para ir al trabajo.
★ Entonces es un medio de transporte.
✧ Sí, ¿pero cuál?
★ El coche.
✧ ¡Ajá!

7

✧ Los puedes comprar en una zapatería.
★ ¡Qué facil! Los zapatos.
✧ Sí, muy bien.

8

✧ La usas para pagar.
★ ¿La usas para pagar? La tarjeta de crédito.

Unidades 7, 8, 9
Comprueba tus conocimientos

3. Escucha las conversaciones y toma nota del día y la hora de cada cita.

1

✧ ¿Hola?
★ ¿Sra. Medina?
✧ Sí, soy yo.
★ Hola. Soy Javier Valdés.
✧ Hola. Buenos días.
★ Buenos días. La llamo porque necesito hablar con usted del último pedido.
✧ Ah, sí.
★ ¿Qué tal el martes?
✧ Ay, el martes no puedo. Pero si quiere podemos vernos el miércoles.
★ ¿El miércoles por la mañana?
✧ De acuerdo. ¿A las diez?
★ Muy bien, a las diez. ¡Hasta el miércoles!

2

✧ Cruz y asociados. ¿Dígame?
★ Hola, buenos días. Con el señor Cruz, ¿por favor?
✧ ¿De parte de quién, por favor?
★ De Javier Valdés.
✧ Un momentito.
◆ ¿Sí?
★ Hola Francisco, soy Javier.
◆ Hombre Javier, ¿qué tal?
★ Bien. ¿Y tú? ¿Cómo va todo?
◆ Pues bien también.
★ Oye, que quería pasarme por tu oficina para hablar de unas cosas.
◆ ¡Uy! Esta semana me va un poco mal. El jueves tengo una feria.
★ ¿Y por qué no quedamos mañana miércoles?
◆ Hombre. Bueno, venga, mañana. Pero tiene que ser a las nueve.
★ ¿De la mañana?
◆ Sí.
★ Perfecto. Me paso por tu despacho mañana a las nueve.

3

✧ ¿Sí?
★ ¿Jorge?
✧ Sí.
★ Hola, soy Javier.
✧ Hola.
★ Mira, tenemos que reunirnos para preparar la reunión con los directivos.
✧ Oye, hoy no puedo, ¿eh? Tengo mucho trabajo.
★ Pues mañana.
✧ No, mejor el lunes por la mañana.
★ Pues el lunes. ¿A qué hora?
✧ ¿A las doce?
★ De acuerdo.

4

✧ ¿Dígame?
★ ¿Con el señor Pérez?
✧ Sí, soy yo.
★ Hola. Soy Javier Valdés. Quería hacerle una visita para hablar

con usted sobre un nuevo producto. ¿Cuándo le iría bien?
✧ Esta semana no puedo. Tiene que ser el jueves día 15 por la tarde.
★ Muy bien, ¿a qué hora?
✧ Un momento... Podríamos vernos a las cinco, por ejemplo.
★ Perfecto. Hasta el jueves.

5

✧ ¿Sí?
★ Oye Mónica, soy Javier. Necesito hablar contigo sobre la próxima campaña de promoción. ¿Qué tal el viernes por la mañana?
✧ ¡Ah sí! Muy bien.
★ ¿A las ocho?
✧ ¿De la mañana?
★ Sí.
✧ ¿Y un poco más tarde? ¿A las nueve?
★ Bueno... el viernes a las nueve.
✧ Perfecto.

10
Unidad 10
Claves del éxito

11. Escucha estos cinco diálogos y completa el cuadro.

1

✧ ¡Hola, Manuel! ¿Qué tal? ¿Ha terminado ya la reunión?
★ Sí... hemos terminado ahora mismo.
✧ Bueno. ¿Y qué tal?
★ Pues bastante mal... Hemos estado discutiendo toda la mañana y no hemos llegado a un acuerdo. Nos vamos a reunir otra vez pasado mañana.

2

✧ ¡Juana! ¡Qué sorpresa! Pero, ¿qué tal por Marruecos?
★ Bien. Un viaje muy interesante. ¡Qué país tan bonito!

3

✧ Rosario, ¿has ido a la fiesta de Blas?
★ Sí.
✧ Oye, ¿y qué tal?
★ Fatal, aburridísima...
✧ ¿Y eso?
★ Pues todo, chica, la música, la gente, la comida, la casa...

4

✧ ¿Y qué tal os ha ido el fin de semana?
★ Muy bien...
◆ Ha sido un fin de semana muy tranquilo: no hemos salido, hemos estado en casa con los niños. Nada especial, pero muy bien.

5

✧ ¡Mario!
★ Ah, hola.
✧ Hola, ¿qué? ¿Qué tal el examen?
★ Regular. Ha sido muy difícil y me he puesto muy nervioso.

13. Escucha estas frases.

1. ¿Qué has hecho hoy?
2. Ha sido un día agotador.
3. ¿Ya has acabado?
4. ¿Qué vas a hacer?
5. ¿Qué tal el viaje?
6. No he ido nunca.
7. Le he invitado a comer.

17. Escucha y marca la continuación.

A

1. Este año los beneficios han aumentado un 50%...
2. Este año han contratado a más gente...
3. Para aumentar los beneficios...
4. Hemos invertido mucho dinero en el nuevo sistema informático...
5. Este año hemos aumentado nuestra producción...
6. El número de vuelos nacionales ha disminuido...
7. La empresa está sufriendo una fuerte crisis...
8. Tenemos nuevos competidores...

B **Escucha y comprueba.**

1. Este año los beneficios han aumentado un 50%, por ese motivo, podemos invertir más en publicidad.
2. Este año han contratado a más gente porque ha aumentado la producción.
3. Para aumentar los beneficios primero hay que reducir el gasto.
4. Hemos invertido mucho dinero en el nuevo sistema informático y, sin embargo, los problemas continúan.
5. Este año hemos aumentado nuestra producción debido a la gran demanda del mercado.
6. El número de vuelos nacionales ha disminuido mientras que el número de vuelos internacionales ha aumentado.
7. La empresa está sufriendo una fuerte crisis, en cambio, los sueldos de los directivos han aumentado un 20%.
8. Tenemos nuevos competidores, en consecuencia, tenemos que bajar los precios.

11
Unidad 11
Agencias de viajes

3. Escucha el diálogo y comprueba.

✧ Viajes Marisol, buenos días, ¿dígame?
★ Buenos días. Quería reservar un billete para Madrid.
✧ ¿Para qué día?
★ La ida para el día 7.

✧ Un momento. Lo siento pero para el día siete con Iberia está todo completo. Si quiere puedo mirar con otra compañía.
★ Sí, sí, no importa.
✧ Con Air España sí hay plazas. Hay un vuelo a las 10 de la mañana. ¿Le parece bien?
★ Sí, está bien.
✧ ¿Y la vuelta, para cuándo?
★ Para el día 9.
✧ A ver... sí, hay plazas.
★ ¿Cuándo sale el último vuelo?
✧ A las 9 de la noche. Todavía quedan plazas.
★ Muy bien. Pues a las 9... Ah, también necesito un hotel.
✧ Tenemos una oferta con el Hotel Cibeles. Es un cinco estrellas.
★ Perfecto. Pero sólo quiero alojamiento y desayuno.

6. Escucha a estas personas y escribe si usan tú o usted.

1. Oye, llámame esta tarde. Necesito el presupuesto urgentemente.
2. Dígale que ha llamado el señor Jiménez.
3. Deme su dirección, por favor.
4. Escríbeme una postal, ¿eh?
5. Espere un momento, por favor. Ahora mismo le paso la llamada.
6. Clara, pásame la grapadora, por favor.

13. Escucha las palabras y comprueba.

1. año
2. silla
3. mucho
4. tuyo
5. baño
6. chino
7. leyendo
8. campaña
9. mañana
10. niño
11. calle
12. playa
13. billete
14. despacho
15. compañero
16. apellido
17. noche
18. pequeño

22. Escucha los diálogos y escribe cómo responde Laura a las dos peticiones.

1

✧ Oye, Laura, ¿puedes llevarle estas cartas a Lola de Contabilidad?
★ Sí, claro. Esta mañana mismo se las llevo.

2

✧ Perdona. ¿Podrías darle mi teléfono a Gerardo?
★ Un momento, ahora mismo se lo doy.

12

Unidad 12
Formación y experiencia

5. Escucha y comprueba.

1. teléfono
2. prácticas
3. anónimo
4. informática
5. último
6. catálogo
7. muchísimo
8. tímido
9. número
10. técnico
11. simpático
12. clásico

14. Escucha la historia y corrige.

"Una historia muy dulce". Todo empezó en 1957, cuando Enric Bernat, fundador y presidente de Chupa Chups S.A., tuvo la idea del caramelo con palo para que los niños no se ensuciaran las manos. Al año siguiente, Chupa Chups nació en la fábrica de Asturias, en el norte de España, con siete sabores diferentes. En 1967 se abrió otra fábrica cerca de Barcelona y la primera filial fuera de España, en Perpignan (Francia). Dos años después la empresa decidió hablar con Salvador Dalí, quien creó el famoso logotipo de Chupa Chups. En 1979 el número de chupa chups vendidos alcanzó la cifra de 10.000 millones y nueve años más tarde la cifra fue doblada: 20.000 millones. Tras abrir fábricas en Japón, Estados Unidos, Alemania y otros países, Chupa Chups empezó su producción en Rusia, en el año 1991. Fue esta fábrica la que suministró los primeros chupa chups consumidos en el espacio, enviados a la estación MIR a petición de los cosmonautas. En 1993, con 30.000 millones de chupa chups vendidos en todo el mundo, Enric Bernat hizo realidad su sueño: producir chupa chups en China. Al cabo de cuatro años, la empresa ganó el premio a la Excelencia Empresarial reconociéndose así toda una labor dedicada a endulzarnos la vida.

16. Escucha estas informaciones sobre España y comprueba si has encontrado los 3 datos falsos.

En 1977 y tras casi 40 años de dictadura, se celebraron las primeras elecciones democráticas en España.

Al año siguiente se aprobó por referéndum la Constitución española, un documento que supuso el reconocimiento de las autonomías, la aceptación de la monarquía, la supresión de la pena de muerte y la consagración de los derechos y las libertades de los ciudadanos.

El 23 de febrero de 1981 un grupo de guardias civiles encabezados por el teniente coronel Antonio Tejero tomaron el Parlamento. El intento de golpe de Estado fracasó gracias a la actuación del Rey.

En 1982 se celebraron los Mundiales de Fútbol con el triunfo de Italia. Ese mismo año se celebraron elecciones generales, en las que ganó, con mayoría absoluta, el PSOE (Partido Socialista Obrero Español) con el voto de más de diez millones de españoles.

En 1983 la película española "Volver a empezar" del director José Luis Garci recibió el Oscar de Hollywood a la mejor película extranjera.

Dos años después, en 1985, y tras una larga y compleja negociación, España firmó el tratado de adhesión a la CEE (Comunidad Económica Europea), la actual Unión Europea.

En 1986, la empresa alemana Volkswagen compró un 51% de SEAT, la famosa empresa española de automóviles que popularizó el "seiscientos" en los años sesenta.

Al cabo de seis años se celebraron dos grandes acontecimientos en dos ciudades españolas: la Exposición Universal en Sevilla y los Juegos Olímpicos en Barcelona.

En 1996, y después de casi catorce años en la oposición, el PP (Partido Popular) ganó las elecciones generales.

10 11 12

Unidades 10, 11, 12
Comprueba tus conocimientos

3. Escucha la entrevista y escribe las fechas.

✧ Hola. Buenas tardes. Hoy estamos en nuestro programa con Lola Fernández, propietaria, junto con su hermana Carmen, de la cadena de librerías "El Parnaso". Hola Lola. ¿Cómo estás?

★ Bien, muy bien. Gracias.

✧ Lola, explícanos cómo has conseguido ser una de las empresarias con más éxito de nuestro país.

★ Ja, ja... Te aseguro que no ha sido nada fácil. Pero, bueno, básicamente trabajando mucho. En realidad, fue idea de mi hermana Carmen que siempre ha luchado por tener un negocio propio. Yo, en realidad, estuve trabajando como actriz durante muchos años antes de asociarme con ella.

✧ Lola Fernández actriz. Cuéntanos esa parte secreta de tu vida.

★ Bueno, no es tan secreta. Pasé tres años con la compañía de teatro "Pimpilimpausa". Fue realmente una época muy bonita. Tengo muy buenos recuerdos. Fue del 84... no del 85 al 88. Sí, ahora me acuerdo porque en el 88 me fui a Londres con otra compañía de teatro. Imagínate: yo actuando en inglés. Por suerte, nunca me dieron grandes papeles.

✧ ¿Y después de Londres volviste a España?

★ No... estando en Londres conocí a un galerista norteamericano y dejé el teatro por la pintura. Me fui a vivir a Nueva York con él y trabajé como relaciones públicas en la galería. Ya ves las cosas que una llega a hacer por el amor. Eso fue en el año 90.

✧ ¿Y entonces, cuándo volviste a España?

★ Pues mira, estuve dos años trabajando en la galería y volví a España en el 92.

✧ O sea, que volviste el año de los Juegos Olímpicos de Barcelona y la Expo de Sevilla...

★ Exacto. Yo me vine a Madrid porque me ofrecieron la dirección de la "Fundación Jóvenes artistas". Eso fue antes de crear mi propia fundación en Sevilla: "Jóvenes con talento". En esa época mi hermana Carmen estaba en Barcelona y en una de sus visitas a Sevilla me habló de su proyecto, de "El Parnaso".

✧ Y de eso hace ya unos cuantos años...

★ Pues mira, exactamente abrimos la primera librería en 1997. No me olvidaré nunca.

Notas

Notas